JN415973

엑스포지멘터리 성경공부 시리즈

신명기

신명기 1-34장

엑스포지멘터리 성경공부 시리즈

신명기

신명기 1-34장

| 송병현 · 임우민 지음 |

EM Exposi Mentary

차례

신명기 서론

신명기의 히브리어 이름은 이 책을 시작하는 두 단어에서 유래되어 '엘레 하드바림'("이는 선포된 말씀이니라", these are the words)라고 불려왔다. 우리에게 신명기라는 이름으로 전해져 온 구약 성경의 다섯 번째 책의 영어 이름은 Deuteronomy(lit.,"두 번째 법", second law)이며, 신명기라는 이름은 칠십인역(LXX)이 신명기 17:18에 등장하는 '이 율법서의 등사본'("a copy of this law", cf. 수 8:32)이라는 히브리어 문구를 '두 번째 율법'으로 잘못 이해하여 책의 이름으로 사용한 데서 비롯되었다.

신명기는 출애굽기-민수기에서 선포했던 내용을 무시하지 않으면서, 동시에 새로운 내용과 설명을 더하고 있다. 또한 출애굽기-민수기에 기록되지 않은 율법을 추가하여 매우 포괄적인 프레젠테이션을 한다. 그러므로 신명기는 구약의 책들 중 율법의 정신과 취지를 가장 체계적으로 그리고 적절하게 강조하고 있어 '구약의 맥박' 이라는 별명을 얻기도 하였다.

1. 저자

전통적으로 교회는 신명기 전체가 이스라엘을 이집트에서 인도해 냈던 모세에 의하여 저작된 것이고, 저작 시기는 대략 주전 15세기 혹은 13세기였다는 입장을 고수해왔다. 그러나 이러한 관점을 그대로 유지하기에는 어려움이 있다. 예를 들면 신명기의 마지막 부분에 기록되어 있는 모세의 죽음과 장례에 관한 이야기 등 일부 내용은 훗날 누군가에 의하여 추가되거나 편집되었던 것이 확실하다. 특히 모세의 시신이 대략 어느 지역에 안치되었다는 것은 알지만, 정확히 어디에 묻혔는지에 대하여 "오늘까지 그가 묻힌 곳을 아는 자가 없느니라"(신 34:6)라는 말씀은 모세 사후 상당한 세월이 흐른 다음에 이 말씀이 첨부되었다는 것을 시사한다. 그러나 대부분의 학자들은 책의 기본적인 골격과 내용을 모세에게서 유래된 것으로 본다. 그러므로 학자들의 추측이 아니라 결정적이고 설득력 있는 증거와 논리가 제시되기 전까지는 신명기의 저작 시기에 대한 보수적인 견해를 고수하는 것이 당연하다.

2. 역사적 정황

신명기가 전제하는 시대적 배경은 가나안 입성을 눈앞에 둔 시점이라는 것을 쉽게 알 수 있다. 이스라엘은 하나님의 도우심으로 430년의 노예생활을 마치고 이집트를 극적으로 탈출했다. 그 후 시내 산에 1년을 머물면서 하나님과 언약을 맺어 그의 백성이 되었고, 하나님은 율법을 언약조항으로 그의 백성에게 주었다. 이스라엘은 1년 만에 시내 산을 떠나서 가나안을 향해 힘찬 행진을 시작했다. 드디어 약속의 땅에서 멀지 않은 가데스 바네아에 진을 치고 가나안 땅에 정탐꾼을 보낸다. 각 지파를 대표하는 12명의 정탐꾼은 40일 동안 약속의 땅을 두루 살펴보고 돌아와 그 땅 거주민들은 거인족이라 이스라엘은 절대로 이길 수 없다고 탄식했다.
이스라엘에 분노하고 실망하신 하나님은 그들의 가나안 입성을 거부하셔서 결국, 40일을 하루에 1년으로 계산하여 40년 동안 광야를 떠돌게 하셨다. 이스라엘은 광야에서 방황하며 출애굽 1세대가 모두 죽었다. 이때 이스라엘이 어떤 경로에 따라 이동했으며, 그들의 40년 광야생활이 어떠했는가에 대하여 우리는 아는 바가 없다. 이 시대를 회고하고 있는 민수기가 이때 일어났던 사건들 몇 건만 언급할 뿐 자세한 정보를 제공하지 않기 때문이다.
광야 40년이 끝나갈 무렵 이스라엘은 출애굽 2세대들이 중심이 된 새 백성이 되어 있었다. 가나안 입성을 위해 모압 평지 싯딤에 도착한 이들을 위해 모세는 출애굽 2세대들이 요단 강을 건너기 전에 다시 한 번 율법 순종의 중요성을 강조한다.

3. 목적

모세는 가나안에 입성하지 못하고 곧 죽게 된다. 이러한 상황에서 그는 요단 강을 건너 가나안으로 입성할 백성에게 마지막으로 율법을 강론하며 순종을 호소한다. 그런 의미에서 신명기는 모세의 마지막 권면이자 고별설교이다. 모세는 설교에서 백성들에게 그들의 삶을 율법 묵상과 실천으로 채울 것을 중심적으로 권면한다. 그러나 모세는 이스라엘의 맹목적이고 기계적인 순종을 요구하지는 않는다. 그는 무엇보다도 율법의 취지와 정신을 생각하며 순종할 것을 강조한다.
모세가 신명기의 율법의 정신과 취지를 강조함으로써 문제를 해결하려고 하는 것을 십일조와 매 3년 십일조(신 14:22-29), 짐승의 첫 배(신 12:6-21; 14:23), 20세 이상 남자들의 징병의 예외 규정(신 20장)을 통해서 알 수 있다.
모세의 율법의 취지에 대한 이해를 간략히 요약하면 율법이 사람을 위해서 있는 것이지, 사람이 율법을 위해서 있는 것은 아니라는 것이다. 율법은 사람들이 행복해질 수 있는 길을 안내하는 것이지, 그들의 삶을 억압하는 것이 아니다. 율법은 문자적인 해석과 적용보다는 인간미와 융통성을 바탕으로 한 순종을 요구한다.

4. 신명기와 오경

신명기는 오경의 다른 책들과는 성향이 다르다. 출애굽기-레위기가 시내 산에서 받은 율법을 모세가 기록하고 있는 법전이라면, 신명기는 이 책들 안에 기록되어 있는 율법들을 설교식으로 강론하는 성향을 갖고 있다. 그럼에도 불구하고 신명기는 이 책들과 유기적이고 역동적인 관계를 유지한다. 무엇보다도 이 책의 역사적·율법적 배경이 되고 있는 출애굽 사건과 40년 광야생활이 출애굽기-민수기에 기록되어 있기 때문이다. 이집트에서 있었던 일과 그곳을 떠나 시내 산에서 머무는 동안 있었던 일은 출애굽기-레위기에 모두 기록되어 있다. 민수기는 시내 산을 떠난 후 이스라엘이 40년 여정을 회고한다. 민수기가 끝날 무렵, 이스라엘은 드디어 요단 강 건너 여리고 성이 보이는, 신명기의 지리적 배경이 되는 모압 평지에 도착한다.

5. 신명기와 그 외 정경

신명기를 포함한 율법책이 이스라엘 역사를 평가하는 잣대가 되는 것은 당연한 일이다. 하나님이 자신의 백성에게 요구하는 것은 그분을 향한 믿음이요, 주신 계명과 말씀에 대한 순종이기 때문이다. 그러므로 구약의 역사서들은 이스라엘이 얼마나 오경을 통해 주어진 하나님의 말씀대로 살았는가를 평가하는 책들이다. 신명기가 역사서들 중에서도 열왕기에 미친 영향은 대단하다. 그 이유는 신명기에서 강조되는 지침들이 열왕기에서도 강조되고 있기 때문이다. 예를 들면 예배는 꼭 한 곳에서만 드리라는 신명기 12장의 가르침은 열왕기 전체에 매우 큰 영향을 미쳤을 뿐 아니라 심지어 유다의 모든 왕들을 평가하는 기준이 된다. 또한 신명기 28장에 기록되어 있는 이스라엘의 순종과 불순종이 초래할 축복과 저주의 내용이 열왕기를 살펴보면 그대로 임했음을 알 수 있다. 질병(신 28:21-22; 왕하 6장; cf.삼하 24장), 가뭄(신 28:23-24; 왕상 17-18장), 인육을 먹음(신 28:53-57; 왕하 6:24-30), 약속의 땅에서의 추방과 패배(신 28:36-37; 왕하 17:24-32; 25:18-24) 등에서 확인할 수 있다.
신명기는 신약에서도 자주 인용되는 책이며 예수님이 특별히 자주 인용한 구약 책이다. 신약 저자들은 최소한 80회 이상 신명기를 직접 인용하거나 간접적으로 언급한다. 실제로 신약에서 요한복음, 골로새서, 데살로니가전서, 디모데후서, 베드로전·후서를 제외하고는 모든 책들이 신명기를 인용한다.

6. 메시지와 이슈

한 분이신 하나님

성경의 모든 책이 다신주의를 배척하고 오직 이스라엘의 하나님 여호와만이 유일한 신이라는 점을 선언하지만 신명기는 이 주제를 특별히 더

확고히 선포한다. 여호와는 "신의 신이시며 주의 주"이실 뿐만 아니라(10:17), 유일한 참 신이시다(5:23). 이스라엘의 하나님은 정의로우시고, 자비로우시며, 공평한 법을 주신 분이시다(4:8). 그분은 신실하시며 약속하신 것을 지키시는 분이시다(7:8-9; 32:4). 여호와는 또한 오직 참 신만이 할 수 있는 일들을 행하셨다(4:32-40). 그러므로 신명기는 유일신주의를 여러 대안 중 하나라고 하지 않는다. 한 분이신 하나님이 가장 심각하게 생각하는 죄는 우상숭배와 이러한 종교들과 연관된 예식들이다(7:25; 27:15; 12:31; 16:22; 18:9-12; 23:18). 신명기는 여호와만을 섬기는 유일신주의만이 유일한 참 종교라고 선언한다. 세상에 존재하는 나머지 '신들'은 모두 생명도, 능력도 없는 물체들에 불과하다.

한 백성

하나님은 고작 이집트의 노예에 불과한(5:6) 이스라엘에게 일방적인 은혜를 베푸셔서 세상의 다른 민족과 구분시키셨다. 하나님의 선택은 이스라엘에게 새로운 책임과 의무를 부여한다. 이스라엘은 더 이상 옛날 방식에 따라 살 수는 없다. 선택받은 순간부터 완전히 새로운 질서와 가치관에 따라 선민답게 살아야 한다. '선민 헌장'인 신명기는 이스라엘에게 새로운 질서와 가치관을 정의해 주고 있다. 그러므로 신명기에서 열방은 이스라엘을 괴롭히고 대적하는 나라들일 뿐만 아니라 이스라엘의 변화된 삶을 지켜보는 증인 역할도 감당해야 한다. 여호와의 특별한 선택을 받은 이스라엘은 열방의 모범이 되어야 할 뿐만 아니라 복의 통로가 되어야 한다(창 12:1-3).

한 믿음

유일하신 하나님이 이스라엘에게 원하시는 것은 그분에 대한 절대적인 충성과 믿음이다(6:4-5). 이스라엘이 하나님과 시내 산에서 언약을 맺은 일은 이러한 충성을 약속한 것을 뜻한다. 그러므로 이스라엘은 우상을 숭배해서는 안 된다. 하나님의 언약 백성들은 오직 그분만 신뢰하고 의지해야 한다. 이스라엘은 여호와 외에는 그 어떤 것에도 마음을 주어서는 안 되며 이때까지 주신 하나님의 모든 계명에 따라 살아가야 한다.

하나님이 이스라엘에게 기대하는 믿음은 새로운 것이 아니다. 이미 시내 산에서 시작된 요구의 연속선상에 있다. 신명기에 기록된 율법은 대부분 6–26장에서 발견되는데 이 섹션에 포함된 율법 중에는 오경 다른 곳에서는 언급되지 않은 새로운 것들도 있다. 하나님은 이스라엘이 오직 여호와만을 두려워하여, 그분의 길만을 걸으며, 몸과 마음을 바쳐 오직 그분만을 사랑하기를 원하신다(6:5; 10:12). 하나님이 요구하는 믿음은 곧 순종이기에 하나님을 믿는다는 것은 곧 삶의 자세와 방식에서 실천적인 열매를 맺는것이다.

7. 통일성과 구조

Ⅰ. 첫 번째 스피치: 하나님과 역사(1:1–4:43)
1장 서문(1:1–5)
2장 보호: 시내 산에서 모압 평지까지(1:6–3:29)
3장 율법: 하나님의 은혜(4:1–40)
4장 말문(4:41–43)

Ⅱ. 두 번째 스피치: 여호와의 율법(4:44–28:69[29:1])
1장 서문(4:44–49)
2장 율법의 전반적인 내용(5:1–11:32)
3장 구체적 율법(12:1–26:19)
4장 축복과 저주(27:1–29:1[28:69])

Ⅲ. 세 번째 스피치: 마지막 권면(29:2[1]–30:20)
1장 언약에 신실할 것(29:2–29[1–28])
2장 이스라엘 앞에 놓인 선택(30:1–20)

Ⅳ. 맺는 말: 리더십 계승(31:1–34:12)
1장 여호수아 임명과 율법 보존(31:1–29)
2장 모세의 노래(31:30–32:44)

제1주 다시 경계선으로

신명기 1:1–18

복습

1 신명기의 역사적 정황에 대해 알고 있는 것은 무엇인가?

....

....

....

신명기 1:1–18

1:1 이는 모세가 요단 저쪽 숩 맞은편의 아라바 광야 곧 바란과 도벨과 라반과 하세롯
과 디사합 사이에서 이스라엘 무리에게 선포한 말씀이니라 2 호렙 산에서 세일 산을
지나 가데스 바네아까지 열 하룻길이었더라 3 마흔째 해 열한째 달 그 달 첫째 날에
모세가 이스라엘 자손에게 여호와께서 그들을 위하여 자기에게 주신 명령을 다 알렸
으나 4 그 때는 모세가 헤스본에 거주하는 아모리 왕 시혼을 쳐죽이고 에드레이에서
아스다롯에 거주하는 바산 왕 옥을 쳐죽인 후라 5 모세가 요단 저쪽 모압 땅에서 이
율법을 설명하기 시작하였더라 일렀으되 6 우리 하나님 여호와께서 호렙 산에서 우리
에게 말씀하여 이르시기를 너희가 이 산에 거주한 지 오래니 7 방향을 돌려 행진하여
아모리 족속의 산지로 가고 그 근방 곳곳으로 가고 아라바와 산지와 평지와 네겝과 해
변과 가나안 족속의 땅과 레바논과 큰 강 유브라데까지 가라 8 내가 너희의 조상 아브
라함과 이삭과 야곱에게 맹세하여 그들과 그들의 후손에게 주리라 한 땅이 너희 앞에
있으니 들어가서 그 땅을 차지할지니라 9 그 때에 내가 너희에게 말하여 이르기를 나

는 홀로 너희의 짐을 질 수 없도다 10 너희의 하나님 여호와께서 너희를 번성하게 하
셨으므로 너희가 오늘날 하늘의 별 같이 많거니와 11 너희 조상의 하나님 여호와께서
너희를 현재보다 천 배나 많게 하시며 너희에게 허락하신 것과 같이 너희에게 복 주시
기를 원하노라 12 그런즉 나 홀로 어찌 능히 너희의 괴로운 일과 너희의 힘겨운 일과
너희의 다투는 일을 담당할 수 있으랴 13 너희의 각 지파에서 지혜와 지식이 있는 인
정 받는 자들을 택하라 내가 그들을 세워 너희 수령을 삼으리라 한즉 14 너희가 내게
대답하여 이르기를 당신의 말씀대로 하는 것이 좋다 하기에 15 내가 너희 지파의 수령
으로 지혜가 있고 인정 받는 자들을 취하여 너희의 수령을 삼되 곧 각 지파를 따라 천
부장과 백부장과 오십부장과 십부장과 조장을 삼고 16 내가 그 때에 너희의 재판장들
에게 명하여 이르기를 너희가 너희의 형제 중에서 송사를 들을 때에 쌍방간에 공정히
판결할 것이며 그들 중에 있는 타국인에게도 그리 할 것이라 17 재판은 하나님께 속한
것인즉 너희는 재판할 때에 외모를 보지 말고 귀천을 차별 없이 듣고 사람의 낯을 두
려워하지 말 것이며 스스로 결단하기 어려운 일이 있거든 내게로 돌리라 내가 들으리
라 하였고 18 내가 너희의 행할 모든 일을 그 때에 너희에게 다 명령하였느니라

말씀 돋보기(관찰)

1 신명기의 말씀이 선포된 정황은 무엇인가?(신 1:1–5)

선포 장소(1–2절):

선포 시기(3–4절):

선포자(1, 5절):

Tip

신명기가 선포된 장소는 요단 강 동편 광야였다(1–2절). 본문은 모세가 말씀을 선포한 곳이 '요단 강 저편[건너편]'이라고 한다. 신명기가 선포된 때는 이스라엘이 이집트에서 나온 지 40년째 되던 해 11월 1일이었다.

호렙 산에서 약속의 땅 경계선까지는 불과 11일 걸리는 길이었다는 점을 회고하며 이스라엘의 아픈 과거를 회상한 다음, 모세가 모압 평지에 백성을 모아놓고 말씀을 선포한 때를 정확히 기록한다. 또한 신명기는 모

세를 통해 선포된 하나님의 말씀이다(1,5절). 신명기는 대부분 모세의 스피치로 구성되어 있으며, 모세의 고별사로 생각될 수도 있다. 그는 이 고별사를 통해 지난 40년의 이스라엘의 역사를 회고할 뿐만 아니라 그들이 앞으로 어떻게 살아가야 하는가를 권면한다.

2 이스라엘이 호렙 산을 떠나 찾아가야 하는 목적지는 어디인가?(신 1:7–8)

....

....

Tip 하나님은 이스라엘에게 주실 땅의 범위를 말씀해 주셨다(7–8절). 그들이 차지할 땅은 아모리 족속의 산지, 아라바, 평지, 남방, 해변을 포함하며 북쪽으로는 유프라테스 강까지이다(7절). 아모리 사람의 산지는 가나안 중심에 위치한 산악 지역을 뜻하며, 아라바는 요단 강 하류에서 시작하여 사해를 지나 아카바 만에 이르는 큰 계곡을 가리키는 표현이다.
평지는 가나안 중심에 위치한 산지와 지중해 해변 사이에 위치한 지역을 뜻하며, 남방은 가나안 남쪽에 위치한 넓은 광야로 이집트와 자연스러운 경계선을 이루었다. 여기에 묘사된 이스라엘 영토의 범위는 이상적인 것으로서 이스라엘은 한 번도 이 모든 땅을 차지하지 못했다.

3 모세가 지도자를 세우는 이유는 무엇인가?(신 1:12)

....

Tip 하나님이 축복하셔서 이스라엘의 수가 기하급수적으로 불어난 것은 참으로 좋은 일이다. 그러나 하나님의 축복은 모세에게 큰 문제를 안겨 주었다. 인구가 많아진 만큼 그들 사이에 재판을 요구하는 문제도 많아졌기 때문이다. 모세는 폭증한 업무로 인하여 큰 스트레스를 받고 있으며, 스트레스의 원인을 세 가지 단어를 사용하여 표현한다. '괴로운 것/문제', '힘겨운/무거운 짐', '다툼/시비'(12절). 모세는 이러한 현실적인 문제를 해결하기 위해서 리더들을 세우기로 했다.

4 모세가 제시하는 리더의 세 가지 조건은 무엇인가?(신 1:13)

a)

b)

c)

Tip

리더들을 세우기로 한 모세는 백성들에게 각 지파별로 사람들을 추천하되 세 가지 조건을 제시했다. (1) 지혜가 있는 사람, (2) 지식이 있는 사람, (3) 인정 받는 사람/유명한 사람(13절). 각 지파별로 추천을 받는 것은 그 지파의 형편과 정서를 가장 잘 아는 사람을 리더로 세움으로써, 판결에 있어서 지파별 독특성을 고려하게 할 뿐만 아니라 자신들이 세운 리더들의 판결에 순응하게 하도록 하기 위해서다.

*지혜가 있는 사람: 이미 쌓은 지식을 충분히 이용할 줄 아는 사람(지성)

*지식이 있는 사람: 사리판단에 있어서 분별력이 있는 사람(이성)

*유명한 사람: 경험이 많은 사람(사회성)

5 지도자들이 지켜야 할 사항은 무엇인가?(신 1:16-17)

a)

b)

c)

d)

e)

Tip

모세는 지도자들에게 다음 사항을 요구했다.

(1) 신분과 지위, 외모에 상관하지 말고 쌍방의 주장을 경청할 것 - 쌍방에 동일한 기회를 주어야 한다는 것은 재판 과정이 공평해야 함을 강조

(2) 이방인을 차별하지 말 것 - 이스라엘 사회에 정착해서 사는 타국 사람들에게도 편파적인 판결을 내리는 것을 금함

(3) 공정하게 재판할 것 - 하나님이 주신 법에 따라 의로운 판결을 내리는 것

(4) 사람을 두려워하지 말 것 – 어떤 압력에도 굴하지 말라는 의미

(5) 판단하기 어려운 일은 넘길 것 – 재판관이 판결하기 어려운 문제는 모세가 맡아서 판결

삶의 내비게이션(적용)

1 이스라엘은 하나님을 믿고 신뢰했더라면 11일밖에 걸리지 않을 길을 불신으로 인해 38년의 긴 세월을 돌아왔다. 당신의 삶에서 하나님을 믿고 신뢰하면 쉽고 간단하게 끝날 일을 불순종함으로 큰 희생과 시간을 낭비한 경험은 없는가? 혹은 하나님이 인생의 확실한 방향으로 알려주셨으면 하는 것은 무엇이 있는가?

관찰문제 1번 참고.

2 이스라엘은 떠날 때가 되어 가나안의 경계선에 서 있다. 당신이 지금 떠난다면 어디로 가고 싶은가? 혹은 어떤 상황에서 다음 단계로 가고 싶은가?

관찰문제 1번, 2번 참고.

3 하나님이 주신 리더의 조건 중 당신이 부족하다고 느끼는 부분은 무엇인가?

관찰문제 4번 참고.

생활의 아로마(실천)

제2주 칼을 휘두를 때와 거둘 때

신명기 2:1–25

복습

1 신명기의 말씀이 선포된 정황은 무엇인가?(신 1:1–5)

선포 장소(1–2절):

선포 시기(3–4절):

선포자(1, 5절):

2 모세가 제시하는 리더의 세 가지 조건은 무엇인가?(신 1:13)

a)

b)

c)

신명기 2:1–25

2:1 우리가 방향을 돌려 여호와께서 내게 명령하신 대로 홍해 길로 광야에 들어가서 여
러 날 동안 세일 산을 두루 다녔더니 2 여호와께서 내게 말씀하여 이르시되 3 너희가
이 산을 두루 다닌 지 오래니 돌이켜 북으로 나아가라 4 너는 또 백성에게 명령하여
이르기를 너희는 세일에 거주하는 너희 동족 에서의 자손이 사는 지역으로 지날진대
그들이 너희를 두려워하리니 너희는 스스로 깊이 삼가고 5 그들과 다투지 말라 그들
의 땅은 한 발자국도 너희에게 주지 아니하리니 이는 내가 세일 산을 에서에게 기업으
로 주었음이라 6 너희는 돈으로 그들에게서 양식을 사서 먹고 돈으로 그들에게서 물

을 사서 마시라 7 네 하나님 여호와께서 네가 하는 모든 일에 네게 복을 주시고 네가
이 큰 광야에 두루 다님을 알고 네 하나님 여호와께서 이 사십 년 동안을 너와 함께
하셨으므로 네게 부족함이 없었느니라 하시기로 8 우리가 세일 산에 거주하는 우리
동족 에서의 자손을 떠나서 아라바를 지나며 엘랏과 에시온 게벨 곁으로 지나 행진하
고 돌이켜 모압 광야 길로 지날 때에 9 여호와께서 내게 이르시되 모압을 괴롭히지 말
라 그와 싸우지도 말라 그 땅을 내가 네게 기업으로 주지 아니하리니 이는 내가 롯 자
손에게 아르를 기업으로 주었음이라 10 (이전에는 에밈 사람이 거기 거주하였는데 아
낙 족속 같이 강하고 많고 키가 크므로 11 그들을 아낙 족속과 같이 르바임이라 불렀
으나 모압 사람은 그들을 에밈이라 불렀으며 12 호리 사람도 세일에 거주하였는데 에
서의 자손이 그들을 멸하고 그 땅에 거주하였으니 이스라엘이 여호와께서 주신 기업
의 땅에서 행한 것과 같았느니라) 13 이제 너희는 일어나서 세렛 시내를 건너가라 하
시기로 우리가 세렛 시내를 건넜으니 14 가데스 바네아에서 떠나 세렛 시내를 건너기
까지 삼십팔 년 동안이라 이 때에는 그 시대의 모든 군인들이 여호와께서 그들에게 맹
세하신 대로 진영 중에서 다 멸망하였나니 15 여호와께서 손으로 그들을 치사 진영 중
에서 멸하신 고로 마침내는 다 멸망되었느니라 16 모든 군인이 사망하여 백성 중에서
멸망한 후에 17 여호와께서 내게 말씀하여 이르시되 18 네가 오늘 모압 변경 아르를 지
나리니 19 암몬 족속에게 가까이 이르거든 그들을 괴롭히지 말고 그들과 다투지도 말
라 암몬 족속의 땅은 내가 네게 기업으로 주지 아니하리니 이는 내가 그것을 롯 자손
에게 기업으로 주었음이라 20 (이곳도 르바임의 땅이라 하였나니 전에 르바임이 거기
거주하였음이요 암몬 족속은 그들을 삼숨밈이라 일컬었으며 21 그 백성은 아낙 족속과
같이 강하고 많고 키가 컸으나 여호와께서 암몬 족속 앞에서 그들을 멸하셨으므로 암
몬 족속이 대신하여 그 땅에 거주하였으니 22 마치 세일에 거주한 에서 자손 앞에 호
리 사람을 멸하심과 같으니 그들이 호리 사람을 쫓아내고 대신하여 오늘까지 거기에
거주하였으며 23 또 갑돌에서 나온 갑돌 사람이 가사까지 각 촌에 거주하는 아위 사람
을 멸하고 그들을 대신하여 거기에 거주하였느니라) 24 너희는 일어나 행진하여 아르
논 골짜기를 건너라 내가 헤스본 왕 아모리 사람 시혼과 그의 땅을 네 손에 넘겼은즉
이제 더불어 싸워서 그 땅을 차지하라 25 오늘부터 내가 천하 만민이 너를 무서워하며
너를 두려워하게 하리니 그들이 네 명성을 듣고 떨며 너로 말미암아 근심하리라 하셨
느니라

말씀 돋보기(관찰)

1 이스라엘이 불순종으로 홍해 길을 통해 광야에 들어가 지낸 기간은 얼마인가?(신 2:1)

Tip 이스라엘은 여러 날 세일 산 부근에서 떠돌았는데 세일 산은 사해 남쪽 지역에 있다. 이스라엘은 이 지역에서 여러 날을 두루 다니며 지냈다고 하는데, '두루 다니다'는 직접 지나가면 빚어질 수도 있는 지역민과의 갈등을 피하기 위하여 '[주변을] 돌아갔다'는 뜻이다. '여러 날'은 며칠을 두고 하는 말이 아니라 가데스 바네아를 떠난 후 가나안 정복을 위하여 모압 평지에 이르기 직전까지의 거의 38년의 세월을 의미한다.

2 이스라엘이 에돔, 모압, 암몬과 싸우지 말아야 하는 이유는 무엇인가?(신 2:5, 9, 19)

Tip 이스라엘이 가나안을 향해 가면서 에돔(에서의 후손), 모압, 암몬의 땅을 탐내서는 안 된다. 그들에게 위협이 되지 않도록 최선을 다해야 하며, 그들의 땅을 지날 때 어떤 피해도 입혀서는 안 된다. 그 이유는 하나님이 이스라엘에게 가나안 땅을 선물로 주신 것처럼 이 민족들에게도 그들의 땅을 선물로 주셨기 때문이다(2:5, 9, 19). 하나님이 에돔, 모압, 암몬 등에게 땅을 주셨다는 것은 하나님의 우주적인 통치와 그분이 모든 민족의 역사에 관여하고 계심을 의미한다.

3 가데스 바네아를 떠나 세렛 시내를 건너기까지 38년 동안 이스라엘에게 무슨 일이 있었는가?(신 2:14-15)

Tip 이스라엘이 세렛 시내를 건너는 일은 상징적인 의미를 갖는다. 지난 수십년 동안의 광야생활에 종지부를 찍는 것을 뜻하는 것이다. 이스라엘 백성들이 세렛 시내를 건넌 때는 출애굽한 지 40년째 되던 해로 이 기간에 출애굽 1세대들은 모두 죽었다. 저자는 특별히 "군인들"이 모두 죽었다고 기록한다. 일종의 아이러니로 군인들은 원래 싸우기 위해 존재하는데, 이들은 싸우기를 거부했고, 싸워보지도 못하고 죽은 것이다.

4 삽입구를 통해 에돔과 암몬 자손은 그 땅에 거주하는 아낙 자손같이 키가 크고 강한 민족과 싸워서 땅을 정복했다는 사실을 강조하는데 그 이유는 무엇인가?(신 2:10-12, 20-23)

....

....

Tip 에돔 사람들이 에밈 족속을 내쳤는데, 이들은 르바임으로도 알려졌던 아낙 자손처럼 거인이었다고 한다(10-11절). 암몬 사람들도 거인족 르바임을 물리쳤는데, 암몬 사람들은 이들을 삼숨밈이라고 불렀다(20-23절). 에돔 자손들이 에밈이라는 거인들과 싸웠던 것처럼, 암몬 사람들이 르바임 거인 족속을 물리치고 땅을 차지했던 것처럼, 이스라엘도 아낙 자손을 물리치고 땅을 차지할 것이라는 점을 강조하고 있다.

5 에돔, 모압, 암몬과는 싸우지 말라고 하신 하나님이 이스라엘에게 헤스본 왕 시혼과 아모리 사람들은 어떻게 대처하라고 하셨는가?(신 2:24)

....

....

Tip 하나님이 이스라엘에게 헤스본 왕 시혼과 그의 땅을 쳐서 취하라고 하신다(24절). 에돔 등 다른 나라들과는 달리 이스라엘이 앞으로 접하게 될 나라들에게는 하나님이 기업을 주지 않으셨든지, 또는 그들의 죄가 가득

찼든지, 이제 창조주의 심판에 따라 자신들의 땅을 내어 주어야 한다. 하나님이 이러한 명령을 하셨다는 것은 이 전쟁에서의 승리는 하나님의 것임을 암시한다.

삶의 내비게이션(적용)

1 신명기 저자는 38년의 세월을 단 2절에 기록하고 있다. 성경에는 짧지만 이스라엘에게는 가장 길게 느껴지는 기간이었다. 당신에게 짧지만 가장 길게 느껴졌을 때는 언제인가?

관찰문제 1번 참고.

2 하나님이 허락하신 것을 얻기 위해 에돔과 암몬은 그 땅의 거주민과 싸워서 내쫓아야 했다. 이스라엘도 하나님이 허락하신 것을 얻기 위해 싸워야 한다. 당신이 하나님이 주신 것을 얻기 위해/이루기 위해 노력해야 하는 것은 무엇인가?

관찰문제 4번, 5번 참고.

3 싸워야 할 때와 싸우지 말아야 할 때를, 잘 구분하기 위해 당신에게 필요한 것은 무엇인가?

관찰문제 2번, 5번 참고.

생활의 아로마(실천)

제3주 축복의 조건

신명기 4:1–24

복습

1 이스라엘이 에돔, 모압, 암몬과 싸우지 말아야 하는 이유는 무엇인가?(신 2:5, 9, 19)

....

....

2 에돔, 모압, 암몬과는 싸우지 말라고 하신 하나님이 이스라엘에게 헤스본 왕 시혼과 아모리 사람들은 어떻게 대처하라고 하셨는가?(신 2:24)

....

....

신명기 4:1–24

4:1 이스라엘아 이제 내가 너희에게 가르치는 규례와 법도를 듣고 준행하라 그리하면
너희가 살 것이요 너희 조상의 하나님 여호와께서 너희에게 주시는 땅에 들어가서 그
것을 얻게 되리라 2 내가 너희에게 명령하는 말을 너희는 가감하지 말고 내가 너희에
게 내리는 너희 하나님 여호와의 명령을 지키라 3 여호와께서 바알브올의 일로 말미
암아 행하신 바를 너희가 눈으로 보았거니와 바알브올을 따른 모든 사람을 너희의 하
나님 여호와께서 너희 가운데에서 멸망시키셨으되 4 오직 너희의 하나님 여호와께 붙

어 떠나지 않은 너희는 오늘까지 다 생존하였느니라 5 내가 나의 하나님 여호와께서
명령하신 대로 규례와 법도를 너희에게 가르쳤나니 이는 너희가 들어가서 기업으로
차지할 땅에서 그대로 행하게 하려 함인즉 6 너희는 지켜 행하라 이것이 여러 민족 앞
에서 너희의 지혜요 너희의 지식이라 그들이 이 모든 규례를 듣고 이르기를 이 큰 나
라 사람은 과연 지혜와 지식이 있는 백성이로다 하리라 7 우리 하나님 여호와께서 우
리가 그에게 기도할 때마다 우리에게 가까이 하심과 같이 그 신이 가까이 함을 얻은
큰 나라가 어디 있느냐 8 오늘 내가 너희에게 선포하는 이 율법과 같이 그 규례와 법
도가 공의로운 큰 나라가 어디 있느냐 9 오직 너는 스스로 삼가며 네 마음을 힘써 지
키라 그리하여 네가 눈으로 본 그 일을 잊어버리지 말라 네가 생존하는 날 동안에 그
일들이 네 마음에서 떠나지 않도록 조심하라 너는 그 일들을 네 아들들과 네 손자들에
게 알게 하라 10 네가 호렙 산에서 네 하나님 여호와 앞에 섰던 날에 여호와께서 내게
이르시기를 나에게 백성을 모으라 내가 그들에게 내 말을 들려주어 그들이 세상에 사
는 날 동안 나를 경외함을 배우게 하며 그 자녀에게 가르치게 하리라 하시매 11 너희
가 가까이 나아와서 산 아래에 서니 그 산에 불이 붙어 불길이 충천하고 어둠과 구름
과 흑암이 덮였는데 12 여호와께서 불길 중에서 너희에게 말씀하시되 음성뿐이므로 너
희가 그 말소리만 듣고 형상은 보지 못하였느니라 13 여호와께서 그의 언약을 너희에
게 반포하시고 너희에게 지키라 명령하셨으니 곧 십계명이며 두 돌판에 친히 쓰신 것
이라 14 그 때에 여호와께서 내게 명령하사 너희에게 규례와 법도를 교훈하게 하셨나
니 이는 너희가 거기로 건너가 받을 땅에서 행하게 하려 하심이니라 15 여호와께서 호
렙 산 불길 중에서 너희에게 말씀하시던 날에 너희가 어떤 형상도 보지 못하였은즉 너
희는 깊이 삼가라 16 그리하여 스스로 부패하여 자기를 위해 어떤 형상대로든지 우상
을 새겨 만들지 말라 남자의 형상이든지, 여자의 형상이든지, 17 땅 위에 있는 어떤 짐
승의 형상이든지, 하늘을 나는 날개 가진 어떤 새의 형상이든지, 18 땅 위에 기는 어떤
곤충의 형상이든지, 땅 아래 물 속에 있는 어떤 어족의 형상이든지 만들지 말라 19 또
그리하여 네가 하늘을 향하여 눈을 들어 해와 달과 별들, 하늘 위의 모든 천체 곧 너
희의 하나님 여호와께서 천하 만민을 위하여 배정하신 것을 보고 미혹하여 그것에 경
배하며 섬기지 말라 20 여호와께서 너희를 택하시고 너희를 쇠 풀무불 곧 애굽에서 인
도하여 내사 자기 기업의 백성을 삼으신 것이 오늘과 같아도 21 여호와께서 너희로 말
미암아 내게 진노하사 내게 요단을 건너지 못하며 네 하나님 여호와께서 네게 기업으
로 주신 그 아름다운 땅에 들어가지 못하게 하리라고 맹세하셨은즉 22 나는 이 땅에서

죽고 요단을 건너지 못하려니와 너희는 건너가서 그 아름다운 땅을 얻으리니 [23] 너희는 스스로 삼가 너희의 하나님 여호와께서 너희와 세우신 언약을 잊지 말고 네 하나님 여호와께서 금하신 어떤 형상의 우상도 조각하지 말라 [24] 네 하나님 여호와는 소멸하는 불이시요 질투하시는 하나님이시니라

말씀 돋보기(관찰)

1 이스라엘이 약속의 땅에 들어가는 유일한 방법은 무엇인가?(신 4:1)

....

....

Tip 가나안 땅은 분명 하나님이 주시는 선물이다. 그러나 이스라엘은 오직 그의 말씀에 순종함으로써 그 땅을 차지할 수 있다. 모세는 이스라엘에게 자신이 가르쳐 주는 하나님의 규례와 법도를 잘 듣고 준행하라고 한다(1절). '듣고', '행하라'는 권면은 하나님이 이스라엘에게 결코 무리한 요구를 하신 것이 아님을 암시한다. 이스라엘은 분명 하나님의 계명을 이해할 수 있으며 순종할 수 있는 능력을 소유하고 있다. 하나님은 이스라엘로부터 맹목적인 순종을 요구하시는 것이 아니라 이해를 바탕으로 하는 순종을 기대하신다. 규례는 '새기다'라는 동사에서 파생된 것으로서 '새겨진 법', 곧 꼭 지켜야 할 규정들을 의미한다. 법도는 '판결하다'에서 파생한 단어이며, '[신적] 재판관이 준 규례'를 의미한다. 율법은 하나님이 돌판에 새겨주신 법과 신적인 재판관이 주신 규례며, 이스라엘과 세우신 언약을 총체적으로 칭하는 표현이다.

2 이스라엘이 가나안에 입성하고 율법을 잘 지키면 어떤 복이 임하는가?(신 4:6-8)

a) ....

b) ....

Tip

이스라엘이 가나안에 입성하여 율법을 준수하고 살아간다면, 세상 사람들은 그들을 부러워할 것이다(6,8절). 모세는 이스라엘이 율법에 순종하면서 산다는 것이 결코 짐이 아니며, 그들이 상상하고 누릴 수 있는 최고의 특권이라고 단언한다. 그러므로 세상 사람들은 이스라엘이 다른 백성들보다 훨씬 더 거룩하고 정의로운 법을 소유한 것에 대해 부러워할 것이다(6b, 8절). 또한 백성들이 전적으로 하나님의 말씀에 순종하여 의로운 사회를 만들면 하나님의 임재가 그들과 함께하실 것이다(7절). 율법 준수가 가져다줄 가장 큰 축복은 바로 하나님의 함께하심이다. 주의 백성이 율법을 준수하면서 살아가는 한, 하나님은 그들과 함께하시면서 그들의 기도를 들어주실 것이다(7절). 더 놀라운 것은 그들이 준수해야 할 율법은 이 세상 그 무엇과도 비교할 수 없는 아름답고 놀라운 것이라는 점이다(8절).

3 율법의 근원으로 이스라엘이 잊지 말아야 하는 것은 무엇인가?(신 4:9-10)

Tip

이스라엘은 하나님이 기대하는 순종의 삶을 살려면 먼저 시내 산에서 하나님과 맺은 언약을 기억해야 한다. 그래서 모세는 이스라엘에게 그들이 본 것을 잊지 않도록 안간힘을 써서 지키라고 하는 것이다(9절). 더 나아가 이스라엘은 자손 대대로 시내 산에서 있었던 일을 추억하고 기념해야 한다(9절; cf. 15, 23절). 순종은 지난 일을 기억하는 데서 시작되기 때문이다.

* 두 돌판: 돌로 복사하여 계약 당사자들이 각각 하나씩 소유 - 하나는 하나님의 것, 다른 하나는 이스라엘의 것 - 이스라엘의 돌판은 하나님의 것과 함께 법궤에 보관

4 모세는 어떤 형태로라도 보이지 않는 하나님의 우상을 만들어서는 안 된다는 원칙을 강조함과 함께 제시한 우상들의 구체적인 예는 무엇인가?(신 4:16-19)

a) 16절:

b) 17a절:

c) 17b절:

d) 18a절:

e) 18b절:

f) 19절:

Tip 모세가 제시하는 구체적인 예는 창세기 1:14-27에 제시된 창조 순서를 거꾸로 뒤집어 놓았음을 보게 된다. 이스라엘의 주변 국가들은 이런 것들을 신으로 숭배했다. 이런 것들을 신으로 간주하면, 우리가 지배해야 할 자연을 오히려 숭배하는 결과를 초래한다. 그 무엇으로도 하나님의 형상을 대신해서는 안 된다.

1) 남자나 여자 – 인간이 하나님의 모양과 형상에 따라 지음 받아 하나님의 형상을 생각할 때 사람을 쉽게 떠올림
2) 땅에 있는 짐승 – 가나안의 일부 문화권과 이집트에서는 다양한 짐승을 신으로 숭배
3) 하늘을 나는 새들 – 이집트의 주요 신들 중 호루스가 매의 형상을 지님
4) 땅에 기어 다니는 것들 – 왕쇠똥구리, 뱀은 이집트와 가나안에서 신으로 숭배
5) 물고기 – 다산의 여신 아타르가티스가 물고기 형상을 함
6) 해, 달, 별 – 천체를 신들로 숭배하는 일은 고대 근동에 매우 광범위하게 퍼짐

5 모세가 말하는 율법의 핵심은 무엇인가?(신 4:23-24)

Tip 모세가 말하는 율법의 핵심은 시내 산에서 하나님과 맺은 언약에 따라 사는 것이다. 또한 어떠한 우상도 만들어서는 안 된다는 것을 강조한다. 우상을 만드는 것은 곧 언약을 무시하거나 깨는 행위인 것이다. 모세는 광야에서 죽어야 하는 자신의 처지와는 달리 가나안 땅에 들어가 정착하

게 될 이스라엘 백성들에게 그 땅에서 오래 살 수 있는 비결을 제시하고 있는 것이다(23-24절).

삶의 내비게이션(적용)

1 이스라엘의 스승이었던 모세는 백성들에게 규례와 법도를 가르쳤다. 당신이 기억하는 가장 인상적인 선생님은 누구인가? 왜 그분이 기억에 남는가?

관찰문제 1번 참고.

2 율법을 듣고 행하라는 권면은 교육(가르침)과 적용(행함)의 양면성을 지니고 있다. 당신은 듣는 것과 행하는 것의 조화를 이루려고 어떻게 노력하고 있는가?

관찰문제 1번 참고.

3 하나님의 질투는 우리를 향한 사랑과 관심을 전제로 한다. 당신의 생활에서 당신의 마음이 하나님보다 더 관심을 두고 있는 것은 무엇인가?

관찰문제 3번, 4번 참고.

생활의 아로마(실천)

제4주 쉐마

신명기 6:1–9

복습

1 이스라엘이 약속의 땅에 들어가는 유일한 방법은 무엇인가?(신 4:1)

....

....

2 모세가 말하는 율법의 핵심은 무엇인가?(신 4:23–24)

....

....

신명기 6:1–9

6:1 이는 곧 너희의 하나님 여호와께서 너희에게 가르치라고 명하신 명령과 규례와 법
도라 너희가 건너가서 차지할 땅에서 행할 것이니 2 곧 너와 네 아들과 네 손자들이
평생에 네 하나님 여호와를 경외하며 내가 너희에게 명한 그 모든 규례와 명령을 지키
게 하기 위한 것이며 또 네 날을 장구하게 하기 위한 것이라 3 이스라엘아 듣고 삼가
그것을 행하라 그리하면 네가 복을 받고 네 조상들의 하나님 여호와께서 네게 허락하
심 같이 젖과 꿀이 흐르는 땅에서 네가 크게 번성하리라 4 이스라엘아 들으라 우리 하
나님 여호와는 오직 유일한 여호와이시니 5 너는 마음을 다하고 뜻을 다하고 힘을 다
하여 네 하나님 여호와를 사랑하라 6 오늘 내가 네게 명하는 이 말씀을 너는 마음에
새기고 7 네 자녀에게 부지런히 가르치며 집에 앉았을 때에든지 길을 갈 때에든지 누

워 있을 때에든지 일어날 때에든지 이 말씀을 강론할 것이며 [8] 너는 또 그것을 네 손목에 매어 기호를 삼으며 네 미간에 붙여 표로 삼고 [9] 또 네 집 문설주와 바깥 문에 기록할지니라

말씀 돋보기(관찰)

1 모세는 이스라엘이 가나안에 들어가서 지켜야 할 율법을 어떻게 표현하고 있는가?(신 6:1)

....

....

Tip

유태인들은 이 말씀을 쉐마(말씀)로 구분했다. 모세는 율법을 "명령과 규례와 법도"라고 부르는데(1절), 이렇게 율법을 한꺼번에 세 가지로 묘사하는 것은 매우 독특하며 이는 특별한 의미를 지닌다. 신명기에서 "명령"은 43차례, "규례"는 21차례, "법도"는 37차례 사용된다. 그러나 세 단어가 함께 사용되는 것은 네 번밖에 되지 않는다(5:31; 6:1; 7:11; 26:17).

*명령 – 하나님이 지시하는 모든 율법을 상징, 율법에 언약적인 충성을 요구하는 것으로 해석

*규례 – 법의 취지가 명확하게 드러나지 않는 율법(예: 부정과 정결에 관한 율법)

*법도 – 취지가 분명하여 하나님이 명령하지 않으셨어도 지켜야 할 율법(예: 살인하지 말라)

2 모세가 율법을 가르치고 선포하는 두 가지 이유는 무엇이며, 얻어지는 결과는 무엇인가?(신 6:2)

a) ....

b) ....

결과: ....

Tip

모세는 2절에서 율법을 가르치고 선포하는 두 가지 목적을 밝힌다.

첫째, 율법은 주의 백성들로 하여금 하나님을 경외하도록 하는 것이 목적이다. 하나님의 영광과 성품을 반영한 율법이 요구하는 높은 윤리적 기준, 고상한 가치관, 종교적 요구 등은 이 세상에 사는 사람들이 쉽게 행동으로 옮길 수 있는 것들이 아니다.

둘째, 이스라엘이 들은 율법에 따라 행동하도록 하기 위함이다. 율법은 삶의 지침이요, 세상을 판단하는 기준이다. 그러므로 율법을 듣는다는 것은 곧 그 율법의 기준에 따라 살아가야 할 책임을 동반한다.

하나님의 백성이 율법에 따라 거룩하게 사는 것은 하나님을 경외하는 증거이자 선포이다. 모세가 백성들에게 율법을 선포하는 것은 그들에게 도덕적이고 의로운 삶을 살게 하기 위함만은 아니다. 율법의 윤리적 기준이 높기는 하지만, 이 기준에 따라 살려고 순종하고 열심히 노력하면 하나님이 이미 선조들에게 여러 차례 약속하신 것처럼 그들의 삶을 풍요와 번성으로 채우실 것이다(3절).

3 모세가 말하는 하나님은 어떤 분이신가?(신 6:4)

....

....

Tip

하나님은 여호와, 오직 유일한 여호와이시다. 문자적으로 번역하면 '여호와 우리 하나님 여호와는 하나'이다. 이 문장에 대하여 최소한 네 가지의 가능한 해석이 있다.

(1) 여호와는 우리 하나님이시다. 여호와 홀로 [우리 하나님이시다].

(2) 여호와 우리 하나님, 여호와는 한 분이시다.

(3) 여호와가 우리 하나님이시다, 여호와는 한 분이시다.

(4) 여호와 우리 하나님은 한 여호와이시다.

이 문장이 강조하는 것은 유일신 사상이 아니라, 이스라엘과 여호와 사이에 그 어떤 신도 용납되어서는 안 된다는 언약적 충성을 배경으로 해석하는 것이 바람직하다.

4 자기 백성과의 관계에서 애착을 가지신 하나님에 대한 우리의 고백은 삶에서 어떻게 표현되어야 하는가?(신 6:5)

....

Tip

모세는 곧 "마음을 다하고 뜻을 다하고 힘을 다하여 네 하나님 여호와를 사랑하라"고 한다(5절). 이것은 사람의 모든 것을 뜻하는 총체적인 표현이다.

"마음을 다하여"는 신체의 내적 장기를 뜻하는 것으로, 유태인들은 이곳에서 사람의 생각, 의지, 계획 등이 결정되며 도덕성이 결정된다고 생각했다. "뜻을 다하여"에서 뜻은 짐승과 사람 등 살아 있는 생명을 의미하며, 유태인들은 감정, 열정, 욕구와 인격이 이것에서 비롯된다고 생각했다. "힘을 다하여"는 하나님을 얼마나 많이 사랑해야 하는가를 강조하는 것으로 온 힘을 다해 하나님을 사랑할 것을 강조한다.

5 하나님에 대한 이스라엘의 충성적인 사랑이 그들의 삶에서 어떻게 나타나야 하는가?(신 6:6–9)

a) 6절:

....

b) 7절:

....

c) 8절:

....

d) 9절:

....

Tip

하나님의 말씀이 주의 백성들에게 개인적으로(손과 이마), 가족적으로(집 문설주), 그리고 사회적으로(대문) 영향을 미치도록 해야 한다. 한마디로 말하면 하나님의 말씀이 주의 백성의 삶의 모든 영역에 침투하여 영향력을 행사하도록 하는 것이다.

첫째, 하나님의 말씀을 각자의 마음에 새겨야 한다(6절). 이것은 말씀에 대한 순종은 마음에서부터 시작되어야 한다는 뜻이다.

둘째, 자녀들에게 말씀을 열심히 가르쳐야 한다(7절). 기성 세대는 다음 세대들도 자신들처럼 하나님의 말씀에 따라 잘 살 수 있도록 율법과 규례를 잘 가르칠 의무가 있다.

셋째, 각 개인이 말씀의 흔적으로 가득한 삶을 살아야 한다(8절). 언약 백성의 기본적인 의무는 자신들의 삶이 하나님 말씀의 흔적으로 가득하게 하는 일이다. “그것을 손에 매어 표로 삼고, 이마에 붙여 기호를 삼아라.”

넷째, 온 가정과 그 가정이 속한 공동체가 말씀의 영향력 아래 있도록 해야 한다(9절). “문설주”는 집의 입구로 그곳에 말씀을 새겨 놓으면 집에 들어올 때나 나갈 때에 그 말씀을 접하게 된다. 온 집안을 말씀의 영향력 아래 두라는 권면이다.

삶의 내비게이션(적용)

1 율법(말씀)은 주의 백성을 짓누르는 짐이 아니라 삶이 지니고 있는 가능성을 최대한 누리며 살 수 있도록 하는 축복의 통로이다. 당신에게 말씀이 짐으로 느껴졌던 경험과 축복으로 느껴졌던 경험은 무엇이 있었는가?

관찰문제 2번 참고.

2 우리 하나님 여호와는 오직 유일한 여호와시니(4절)라는 말씀은 당신의 삶에 어떤 의미를 갖고 어떤 영향을 끼치는가?

관찰문제 3번 참고.

3 하나님의 말씀은 주의 백성들에게 개인, 가정, 사회에 영향을 미쳐야 한다. 말씀이 당신을 통해 영향을 미치는 범위는 어디까지인가?

관찰문제 5번 참고.

생활의 아로마(실천)

제5주 풍요와 망각

신명기 8:11–20

복습

1 모세가 말하는 하나님은 어떤 분이신가?(신 6:4)

....

....

2 하나님에 대한 이스라엘의 충성적인 사랑이 그들의 삶에서 어떻게 나타나야 하는가?(신 6:6–9)

a) 6절: ....

b) 7절: ....

c) 8절: ....

d) 9절: ....

신명기 8:11–20

8:11 내가 오늘 네게 명하는 여호와의 명령과 법도와 규례를 지키지 아니하고 네 하나
님 여호와를 잊어버리지 않도록 삼갈지어다 12 네가 먹어서 배부르고 아름다운 집을
짓고 거주하게 되며 13 또 네 소와 양이 번성하며 네 은금이 증식되며 네 소유가 다 풍
부하게 될 때에 14 네 마음이 교만하여 네 하나님 여호와를 잊어버릴까 염려하노라 여
호와는 너를 애굽 땅 종 되었던 집에서 이끌어 내시고 15 너를 인도하여 그 광대하고
위험한 광야 곧 불뱀과 전갈이 있고 물이 없는 간조한 땅을 지나게 하셨으며 또 너를
위하여 단단한 반석에서 물을 내셨으며 16 네 조상들도 알지 못하던 만나를 광야에서

네게 먹이셨나니 이는 다 너를 낮추시며 너를 시험하사 마침내 네게 복을 주려 하심
이었느니라 17 그러나 네가 마음에 이르기를 내 능력과 내 손의 힘으로 내가 이 재물
을 얻었다 말할 것이라 18 네 하나님 여호와를 기억하라 그가 네게 재물 얻을 능력을
주셨음이라 이같이 하심은 네 조상들에게 맹세하신 언약을 오늘과 같이 이루려 하심
이니라 19 네가 만일 네 하나님 여호와를 잊어버리고 다른 신들을 따라 그들을 섬기며
그들에게 절하면 내가 너희에게 증거하노니 너희가 반드시 멸망할 것이라 20 여호와
께서 너희 앞에서 멸망시키신 민족들 같이 너희도 멸망하리니 이는 너희가 너희의 하
나님 여호와의 소리를 청종하지 아니함이니라

말씀 돋보기(관찰)

1 주의 백성이 하나님을 잊고 산다는 것은 무엇을 의미하는가?(신 8:11)

....

....

Tip

성경은 하나님을 잊는다는 것은 곧 그분의 명령과 법도와 규례를 어기는 것이라고 한다(11절). 하나님을 잊는 것은 곧 그분의 말씀대로 살지 않는 것을 뜻한다. 성경에서 잊는다는 것은 단순히 기억하지 못하거나 얼이 빠진 상태를 말하는 것이 아니다. 하나님에 대해 아무리 많은 지식을 지녔다 해도 만일 그 지식이 하나님의 지속적이고 실제적인 임재에 대한 생생한 기억의 일부가 되지 못하고 단순한 정보 수준에 머문다면, 하나님은 그 사람의 삶에서 잊힌 것이다.

2 주의 백성으로 하여금 하나님을 잊게 하는 것은 무엇인가?(신 8:12-17)

a) 12-13절: ....

b) 14, 17절: ....

Tip

첫째, 이스라엘이 약속의 땅에서 누리게 될 풍요로움이 하나님을 잊게 할 수 있다(12–13절). 사람은 생존하기 위해 필요한 물질이 부족할 때는 긴장하고 조심하지만, 풍부할 때는 긴장이 풀리고 나태해진다. 성도가 열심히 기도하고 하나님을 의지할 때는 대체로 무언가가 부족하거나 필요할 때이다. 둘째, 이스라엘의 교만이 하나님을 잊게 할 수 있다(14, 17절). 사람은 어느 순간부터 하나님이 내려주신 축복을 자신의 노력과 능력의 대가로 착각한다.

3 이스라엘의 역사에서 잊지 말고 기억해야 하는 하나님의 은혜는 무엇인가?(신 8:14–18)

a) 14절:

b) 15–16a절:

c) 16b절:

d) 18절:

Tip

하나님의 은혜를 기념하고자 하는 주의 백성들은 그들이 체험한 역사적인 예를 들 수 있다.

첫째, 여호와는 이스라엘을 이집트에서 해방시키신 분이다(14절) – 이끌고 나오신 하나님. 둘째, 여호와는 지난 40년 동안 사람이 살 수 없는 광야에서 온 백성을 보호하고 먹이신 분이다(15–16a절) – 의식주를 해결하신 하나님. 셋째, 여호와는 이스라엘이 잘되기를 염원하는 분이시다(16b절) – 축복 주길 원하시는 하나님. 넷째, 여호와 하나님은 약속을 지키는 분이시다(18절) – 자기 말씀에 책임지시는 하나님.

4 하나님이 주신 복을 이스라엘은 어떻게 착각하고 있는가?(신8:17)

Tip

사람이 궁핍하고 어려울 때는 하나님께 매달리고 간구한다. 그러나 하나님이 불쌍히 여기시고 그 사람의 기도에 응답하여 살만하게 해 주시면 사람의 마음이 변하기 시작한다. 처음에는 하나님께 감사와 찬송과 영광을 돌리지만, 그것도 잠시, 조금 지나면 슬슬 착각이 마음을 지배한다. 성경은 이러한 인간 심리를 정확하게 묘사한다. "네가 마음에 이르기를 내 능력과 내 손의 힘으로 내가 이 재물을 얻었다 말할 것이라."

5 이스라엘이 축복을 내려주신 하나님을(cf. 3번 질문)잊는다면, 결말은 어떻게 되는가?(신 8:19–20)

Tip 이스라엘이 하나님을 잊으면 가나안 사람들처럼 멸망할 것이다(19–20절). 순종하지 않는 주의 백성은 그들의 손에 죽어야 할 가나안 사람들과 별반 다를 바가 없다. 하나님의 말씀에 순종하지 않으면, 하나님이 그들을 죽이시겠다는 경고는 언약적 저주이기도 하다. 하나님의 선택은 조건 없는 축복이 아니다. 선택받은 자는 하나님과의 언약 조건에 의해 평가를 받으며, 이 평가에 따라 복이나 벌을 받는다. 하나님의 축복은 동전의 양면과 같다. 순종하면 축복! 거역하면 저주! 동전이 한 면만 있을 수 없듯이 하나님의 말씀도 반드시 두 가지 선택을 제시한다.

삶의 내비게이션(적용)

1 풍요(재물, 자녀 축복, 건강)와 교만은 하나님을 잊게 한다. 당신이 하나님과 멀어졌다고 생각되는 때 또는 더 가까워졌다고 생각되는 때는 언제였는가?

관찰문제 2번 참고.

2 당신이 자신의 노력과 능력으로 이루었다고 가끔 착각하는 것은 무엇이 있는가?

관찰문제 4번 참고.

3 이스라엘이 하나님을 기억해야 하듯이, 당신은 하나님을 어떤 방법을 통해 기억할 것인가?

관찰문제 3번 참고.

생활의 아로마(실천)

제6주 택하신 그곳에

신명기 12:1–19

복습

1 주의 백성으로 하여금 하나님을 잊게 하는 것은 무엇인가?(신 8:12–17)

a) 12–13절:

b) 14, 17절:

2 하나님이 주신 복을 이스라엘은 어떻게 착각하고 있는가?(신 8:17)

신명기 12:1–19

12:1 네 조상의 하나님 여호와께서 네게 주셔서 차지하게 하신 땅에서 너희가 평생에
지켜 행할 규례와 법도는 이러하니라 2 너희가 쫓아낼 민족들이 그들의 신들을 섬기
는 곳은 높은 산이든지 작은 산이든지 푸른 나무 아래든지를 막론하고 그 모든 곳을
너희가 마땅히 파멸하며 3 그 제단을 헐며 주상을 깨뜨리며 아세라 상을 불사르고 또
그 조각한 신상들을 찍어 그 이름을 그 곳에서 멸하라 4 너희의 하나님 여호와께는
너희가 그처럼 행하지 말고 5 오직 너희의 하나님 여호와께서 자기의 이름을 두시려
고 너희 모든 지파 중에서 택하신 곳인 그 계실 곳으로 찾아 나아가서 6 너희의 번제
와 너희의 제물과 너희의 십일조와 너희 손의 거제와 너희의 서원제와 낙헌 예물과 너
희 소와 양의 처음 난 것들을 너희는 그리로 가져다가 드리고 7 거기 곧 너희의 하나

님 여호와 앞에서 먹고 너희의 하나님 여호와께서 너희의 손으로 수고한 일에 복 주심
으로 말미암아 너희와 너희의 가족이 즐거워할지니라 8 우리가 오늘 여기에서는 각기
소견대로 하였거니와 너희가 거기에서는 그렇게 하지 말지니라 9 너희가 너희 하나님
여호와께서 주시는 안식과 기업에 아직은 이르지 못하였거니와 10 너희가 요단을 건
너 너희 하나님 여호와께서 너희에게 기업으로 주시는 땅에 거주하게 될 때 또는 여
호와께서 너희에게 너희 주위의 모든 대적을 이기게 하시고 너희에게 안식을 주사 너
희를 평안히 거주하게 하실 때에 11 너희는 너희의 하나님 여호와께서 자기 이름을 두
시려고 택하실 그 곳으로 내가 명령하는 것을 모두 가지고 갈지니 곧 너희의 번제와
너희의 희생과 너희의 십일조와 너희 손의 거제와 너희가 여호와께 서원하는 모든 아
름다운 서원물을 가져가고 12 너희와 너희의 자녀와 노비와 함께 너희의 하나님 여호
와 앞에서 즐거워할 것이요 네 성중에 있는 레위인과도 그리할지니 레위인은 너희 중
에 분깃이나 기업이 없음이니라 13 너는 삼가서 네게 보이는 아무 곳에서나 번제를 드
리지 말고 14 오직 너희의 한 지파 중에 여호와께서 택하실 그 곳에서 번제를 드리고
또 내가 네게 명령하는 모든 것을 거기서 행할지니라 15 그러나 네 하나님 여호와께서
네게 주신 복을 따라 각 성에서 네 마음에 원하는 대로 가축을 잡아 그 고기를 먹을
수 있나니 곧 정한 자나 부정한 자를 막론하고 노루나 사슴을 먹는 것 같이 먹으려니
와 16 오직 그 피는 먹지 말고 물 같이 땅에 쏟을 것이며 17 너는 곡식과 포도주와 기름
의 십일조와 네 소와 양의 처음 난 것과 네 서원을 갚는 예물과 네 낙헌 예물과 네 손
의 거제물은 네 각 성에서 먹지 말고 18 오직 네 하나님 여호와께서 택하실 곳에서 네
하나님 여호와 앞에서 너는 네 자녀와 노비와 성중에 거주하는 레위인과 함께 그것을
먹고 또 네 손으로 수고한 모든 일로 말미암아 네 하나님 여호와 앞에서 즐거워하되
19 너는 삼가 네 땅에 거주하는 동안에 레위인을 저버리지 말지니라

말씀 돋보기(관찰)

1 이스라엘이 가나안 땅을 차지하고 누리기 위해 지켜야 할 것은 무엇이고, 제거해야 할 것은 무엇인가?(신 12:1–4)

....

Tip

이스라엘이 가나안 땅을 누릴 수 있는 비결은 선포될 율법과 규례를 잘 지키는 것이다. 율법 준수 여부는 이스라엘의 영구적인 땅 소유를 좌우한다. "너희가 그 땅 위에서 사는 모든 날 동안"에는 항상 율법을 지켜야 한다는 권면을 강조한다.

반면 우상의 이름을 지워야 하는데 이것은 가나안 사람들이 믿고 있는 신들의 임재와 능력을 모두 제거한다는 의미이다.

〈가나안 우상〉

	특징	제작
제단	곡물, 짐승, 술, 향 등을 신들에게 불살라 바치는 곳	돌이나 흙 사용하여 제작 윗면은 귀금속으로 덮었거나 장식
주상	다듬거나 다듬지 않은 돌기둥을 뜻하며 가끔 문양이 새겨짐	신(들)을 상징하거나 신(들)의 거처지 – 남자의 성기를 상징
아세라	가나안 사람들이 숭배하던 여신의 이름 – 모든 신의 아버지 엘의 아내 – 가장 능력있는 신으로 여겨진 바알의 아내	아세라 여신 숭배와 연관된 나무 기구들을 의미 – 다산 상징

2 이스라엘이 하나님께 예배드리기 위해 지켜야 하는 원칙은 무엇인가?(신 12:5-7)

a)

b)

c)

d)

Tip

하나님이 이스라엘에게 예배드릴 때, 몇 가지 원칙을 제시하고 있다.

첫째, 주께서 정하신 곳을 찾고 나아가라(5절). 하나님의 성전이 있는 곳으로 순례를 가서 예배드리라는 의미이다. 가나안 종교에서는 사람들이 모여 신들을 숭배할 장소를 정했지만, 여호와 종교는 하나님이 직접 그 장소를 정하신다. 주 앞에 나아간다는 것은 곧 주님이 자기 이름을 두신 곳에서 예배를 드린다는 뜻이다.

둘째, 그곳으로 온갖 제물을 주님께 가져오라(6절). 이스라엘이 예배를 드리는 곳뿐만 아니라 예물을 드리는 곳도 성전으로 제한되어 있다.
셋째, 주님이 계신 그곳에서 먹으라(7절). 하나님은 백성이 드리는 예물을 매우 귀하게 여기신다. 그래서 백성이 드린 예물의 일부를 그들이 주님 앞에서 먹으며 하나님과 자신들의 특별한 관계를 기념하도록 하셨다.
넷째, 그곳에서 즐거워하라(7절). 하나님은 이스라엘에게 많은 것을 약속하셨다. 그러므로 주의 백성이 주님 앞에서 즐거워한다는 것은 곧 여호와께서 약속하신 것들이 만족스럽게 성취되어가고 있음을 상징한다.

3 하나님이 정하신 곳에서만 드리는 예배는 무엇인가?(신 12:6)

....

Tip 이스라엘은 정해진 장소에서 번제, 화목제, 십일조, 거제, 서원제, 자원제/낙헌제, 짐승의 첫 소산 등 모든 제사를 드릴 수 있다. 모세는 '여호와께 드리는 모든 제사'는 정하신 곳에서만 드려야 한다는 점을 강조하고 있다. 하나님은 여러 곳에서 자신이 편한 대로 신들을 숭배하는 가나안 사람들과 달리 이스라엘은 오직 하나님이 정하신 한 곳에서만 예배를 드려야 한다는 점을 강조하고 있다. 이 장소는 영원히 동일한 곳이 아니라 시대에 따라 다를 수 있다.

4 예배드릴 때 강조되는 것은 무엇이며 그 이유는 무엇인가?(신 12:5,11,13,18)

....

이유: ....

Tip 하나님께 예배드릴 때 강조되는 것은 여호와께서 자신의 이름을 두시려고 이스라엘의 모든 지파 가운데서 택하신 '그곳'에서만 예배를 드리라(5,11절)는 것이다. 하나님이 그곳에 이름을 두신다는 것은 그곳의 소유권이 하나님께 속한 것임을 뜻한다. 적합한 제물이라 할지라도 적합한 곳에서 드리지 않으면 죄가 된다(13절). 가나안 사람들은 여러 곳에 흩어져 있는 '그곳들'에서 신들을 숭배했지만(2절), 이스라엘은 오직 하나의 '그곳'에서 하나님께 예배드려야 한다. 이는 여러 곳에서 자신이 편한 대로 신들을 숭배하는 가나안 사람들과는 달리 이스라엘은 오직 하나님이 정하신 한 곳에서만 예배드려야 한다는 것이다.

5 정하신 제물을 지정된 장소에서 온 가족이 먹어야 한다. 온 가족의 범위와 그 이유는 무엇인가?(신 12:12,18)

범위:

이유:

Tip

모세는 온 가족을 "너희만이 아니라, 너희의 자녀들, 남종과 여종, 너희처럼 차지할 몫이나 유산이 없는 성안에서 사는 레위 사람"(새번역) 이라고 한다. 신명기 16:16에 의하면 이스라엘의 남자들은 매년 세 차례 성소로 순례를 가야 한다. 본문이 딸들과 여종들도 함께 가서 하나님 앞에서 먹으라고 하는 점을 감안하면, 남자들은 의무적으로 가지만 아내를 포함한 집안의 여자들은 형편에 따라 할 것을 원칙으로 했던 것으로 생각된다. 사무엘의 아버지 엘가나도 두 아내와 자식들을 거느리고 실로로 순례를 가곤 했다(삼상 1장). 여종과 남종이 하나님 앞에서 기뻐하며 음식을 먹는 예배에 포함되어야 하며, 레위 지파도 포함된다. 레위 지파는 기업을 얻지 못한 지파이다. 그러므로 의식주는 이스라엘 사람들이 보장해야 한다. 절기 때에 백성이 함께 모여 성소에서 음식을 먹는 것 자체가 하나님의 언약 백성으로서 주께서 내려주신 축복을 함께 나누고 누린다는 의미를 지닌다.

삶의 내비게이션(적용)

1 주의 백성은 여호와께서 약속하신 것들이 성취되어갈 때 주님 앞에서 즐거워한다. 하나님이 당신에게 약속하신 것 중에서 최근에 성취

된 기쁨을 누린 것은 무엇이 있는가?

관찰문제 5번 참고.

2 하나님은 이스라엘 백성들에게 예배의 원칙을 제시한다. 당신이 신앙을 지키기 위해 세운 원칙은 무엇인가?

관찰문제 2번 참고.

3 이스라엘 사람들은 하나님 앞에서 예배드리고 온 가족이 음식을 함께 나누며 기뻐했다. 당신이 예배드리면서 함께 기뻐할 수 있는 가족의 범위는 어디까지인가?

관찰문제 5번 참고.

생활의 아로마(실천)

제7주 나누는 십일조

신명기 14:22-29

복습

1 이스라엘이 하나님께 예배드리기 위해 지켜야 하는 원칙은 무엇인가?(신 12:5-7)

a)

b)

c)

d)

2 정하신 제물을 지정된 장소에서 온 가족이 먹어야 한다. 온 가족의 범위와 그 이유는 무엇인가?(신 12:12,18)

범위:

이유:

신명기 14:22-29

14:22 너는 마땅히 매 년 토지 소산의 십일조를 드릴 것이며 23 네 하나님 여호와 앞 곧
여호와께서 그의 이름을 두시려고 택하신 곳에서 네 곡식과 포도주와 기름의 십일조
를 먹으며 또 네 소와 양의 처음 난 것을 먹고 네 하나님 여호와 경외하기를 항상 배
울 것이니라 24 그러나 네 하나님 여호와께서 자기의 이름을 두시려고 택하신 곳이 네
게서 너무 멀고 행로가 어려워서 네 하나님 여호와께서 그 풍부히 주신 것을 가지고

갈 수 없거든 25 그것을 돈으로 바꾸어 그 돈을 싸 가지고 네 하나님 여호와께서 택하
신 곳으로 가서 26 네 마음에 원하는 모든 것을 그 돈으로 사되 소나 양이나 포도주나
독주 등 네 마음에 원하는 모든 것을 구하고 거기 네 하나님 여호와 앞에서 너와 네
권속이 함께 먹고 즐거워할 것이며 27 네 성읍에 거주하는 레위인은 너희 중에 분깃이
나 기업이 없는 자이니 또한 저버리지 말지니라 28 매 삼 년 끝에 그 해 소산의 십분의
일을 다 내어 네 성읍에 저축하여 29 너희 중에 분깃이나 기업이 없는 레위인과 네 성
중에 거류하는 객과 및 고아와 과부들이 와서 먹고 배부르게 하라 그리하면 네 하나님
여호와께서 네 손으로 하는 범사에 네게 복을 주시리라

말씀 돋보기(관찰)

1 매년 하나님께 십일조를 드리는 목적은 무엇이며, 십일조의 범위는 어디까지인가?(신 14:23, 29)

목적: a) ....

b) ....

범위: ....

Tip

성경은 주의 백성이 누리는 풍요를 그들의 발전된 농업/축산업 기술의 결과가 아니라, 여호와께서 이스라엘과 맺은 언약을 헌신적으로 지키신 결과라고 한다. 그러므로 성경에서 십일조는 자기 백성에게 많은 은혜를 베풀어주신 하나님께 감사 표현으로 드리는 예물이며, 하나님을 경외하게 하는데 그 목적을 두고 있다. 또한 십일조의 상당 부분을 드리는 자가 하나님 앞에서 가족들과 함께 먹는 것으로 묘사하는데, 이는 예배의 일부로 이웃과 풍요를 나누는 목적을 갖고 있다.

십일조에 대한 규례는 레위기 27:30-33과 민수기 18:21-32에 언급하고 있다.

* 레위기 27:30-33과 본문의 차이점은 레위기는 농작물과 가축의 십일조를 말하는데, 본문은 가축은 언급하지 않고 농작물만 예로 들고 있다.

곡식, 포도주, 기름(23절).

* 민수기 18:21-32과 차이점은 본문은 십일조의 상당 부분을 드리는 자가 하나님 앞에서 가족들과 함께 먹는 것으로 묘사하는 반면, 민수기는 십일조는 전적으로 이스라엘 지파들 중 기업을 받지 않고 성전에서 하나님을 섬기는 레위 사람들의 몫이며, 레위 사람들은 백성들에게 받은 십일조의 십일조를 제사장들에게 주어야 한다고 규정하고 있다.

2 십일조를 드리고자 하는 사람이 성소에서 멀리 떨어져 살아서 곡물을 운반하기 어려울 경우는 어떻게 해야 하는가?(신 14:25)

Tip 십일조를 드리고자 하는 사람이 성소에서 너무 멀리 떨어져 살기 때문에 그 모든 곡물들을 운반하기가 어려울 경우, 돈으로 바꾸어서 성소로 가져갈 수 있다(25절). 당시 돈으로 금보다는 은이 더 많이 사용되었으며, 귀걸이, 반지, 팔찌, 덩어리, 동전 등 다양한 형태를 띠며, 무게로 값이 계산되었다. 신약의 예수님 이야기에서 그 흔적을 찾아볼 수 있다(마 21:12-13).

3 성소에 도착하여 돈으로 살 수 있는 것은 무엇이며, 어떤 것을 살 수 있는가?(신 14:26)

Tip 성소에 도착하여 곡물과 술로 바꾸어야 한다. 이 과정에서 예배자의 가정이 먹거나 마시고 싶은 것을 살 수 있는 자유가 주어진다(26절). 중요한 것은 온 가족이 함께 먹으며 즐거워할 수 있는 것을 사야 한다는 점이다. 십일조의 상당 부분을 드리는 자가 가족들을 이끌고 성소에 가서 하나님 앞에서 함께 먹는다는 것이 조금은 이상하게 생각될 수 있지만, 이러한 관례는 평신도들(특히 여자들과 어린이들)이 성소를 방문하여 하나님과 예배에 대해 배우는 좋은 기회를 제공했다. 자녀들을 포함한 온 가족이 성전에 가서 주님 앞에 십일조를 드리고 먹는 것은 교육적인 효과도 있다.

4 가족과 함께 먹을 때 잊지 말아야 하는 것은 무엇인가?(신 14:27, 29)

....

Tip 십일조를 드리는 사람이 가족들과 함께 성소에서 먹는 것은 그가 드린 십일조의 지극히 작은 부분이었고, 나머지는 레위 사람들과 가난한 사람들(성중에 거주하는 객, 고아와 과부)에게 자선 사업으로 사용되었다. 특히 레위 사람들은 이스라엘의 12지파들 중 유일하게 기업을 받지 않고 하나님을 기업으로 삼은 자들이니 십일조를 드릴 때 잊지 말아야 한다.

5 매 3년째 드리는 십일조는 어떻게 사용되는가?(신 14:28-29)

....

Tip 매 3년 중 2년은 십일조를 가지고 성소를 찾아가 하나님 앞에서 온 가족이 즐기는데 사용하지만, 매 3년째 되는 해(7년 사이클에서 3, 6년째 되는 해)에는 십일조를 성소로 가져가지 않고 자신이 살고 있는 성읍에 사는 가난한 자들과 레위 사람들을 위해 쓰이도록 드려야 한다(28-29절).
십일조 율법은 이스라엘 공동체의 건강을 유지하는데 매우 중요했으며, 가난한 사람들이 하나님의 은혜를 체험할 수 있는 중요한 방법이었다.
고대 근동의 정서에 따르면 땅을 빌려 경작하는 자들이 주인에게 일정량의 수확을 바치듯이, 이스라엘이 가나안 땅의 사용에 대한 일종의 세금/대여료를 땅의 주인이신 하나님께 바치는 것이다. 당시 고대 근동의 대여료는 20-30%로 이스라엘에게 요구되는 10%는 파격적인 것이다. 이 규례는 사회적인 법의 시작이었으며, 사회 복지를 위한 최초의 세금 제도였다.

삶의 내비게이션(적용)

1 십일조의 범위는 레위기, 민수기, 신명기에서 서로 다른 부분을 강조

하고 있다. 당신은 어떤 유형의 십일조를 드리는가?

관찰문제 1번 참고.

2 십일조는 하나님이 백성들의 소산을 요구하는 것이 아니라 여호와가 이스라엘의 주인이라는 점을 고백하는 것이다. 당신에게 십일조는 무엇을 상징하는가?

관찰문제 1번 참고.

3 십일조는 가족이 함께 먹으며 자녀를 포함한 온 가족에게 교육적인 목적을 내포하고 있다. 당신의 가족/신앙의 후배와 함께 십일조에 대해 대화를 나눈다면 어떤 말을 할 것인가?

관찰문제 3번, 5번 참고.

생활의 아로마(실천)

제8주 낮은 자에 대한 배려

신명기 15:12-18

복습

1 매년 하나님께 십일조를 드리는 목적은 무엇이며, 십일조의 범위는 어디까지인가?(신 14:23, 29)

목적: a)

b)

범위:

신명기 15:12-18

[15:12] 네 동족 히브리 남자나 히브리 여자가 네게 팔렸다 하자 만일 여섯 해 동안 너를
섬겼거든 일곱째 해에 너는 그를 놓아 자유롭게 할 것이요 [13] 그를 놓아 자유하게 할
때에는 빈 손으로 가게 하지 말고 [14] 네 양 무리 중에서와 타작 마당에서와 포도주 틀
에서 그에게 후히 줄지니 곧 네 하나님 여호와께서 네게 복을 주신 대로 그에게 줄지
니라 [15] 너는 애굽 땅에서 종 되었던 것과 네 하나님 여호와께서 너를 속량하셨음을
기억하라 그것으로 말미암아 내가 오늘 이같이 네게 명령하노라 [16] 종이 만일 너와 네
집을 사랑하므로 너와 동거하기를 좋게 여겨 네게 향하여 내가 주인을 떠나지 아니하
겠노라 하거든 [17] 송곳을 가져다가 그의 귀를 문에 대고 뚫으라 그리하면 그가 영구히
네 종이 되리라 네 여종에게도 그같이 할지니라 [18] 그가 여섯 해 동안에 품꾼의 삯의
배나 받을 만큼 너를 섬겼은즉 너는 그를 놓아 자유하게 하기를 어렵게 여기지 말라
그리하면 네 하나님 여호와께서 네 범사에 네게 복을 주시리라

말씀 돋보기(관찰)

1 히브리 노예가 노예로 봉사하는 기간과 자유인이 되는 해는 언제인가?(신 15:12)

기간: , 자유인이 되는 해:

Tip

모세는 빚 때문에 노예로 팔려온 히브리 사람의 경우, 남녀에 상관없이 6년을 부리고 7년째 되는 해에는 자유인으로 놓아주라고 한다(12절). 본문에서 언급되는 7년째 되는 해는 매 7년마다 온 사회에 찾아오는 안식년과는 다르다. 노예를 부리기 시작한 해부터 7년째 되는 해를 뜻한다. 이스라엘은 주변 민족들과는 달리 노예를 안식일에 쉬게 했으며, 절기와 축제일에 가족들과 함께 참석시켜야 했고, 주인들의 폭행에서 보호해야 했다(cf. 출 20:10; 21:2-11, 20-21, 26-27; 23:12; 신 5:14; 12:18; 15:12-18; 16:11, 14; 23:16-17). 이스라엘의 노예에 대한 관대함은 고대 사회에서 매우 독특하다. 또한 이스라엘 사람이 영구적인 노예로 부릴 수 있는 사람은 이방인들로 제한되어 있었으며, 이스라엘인 노예는 원하지 않는 이상 영구적으로 부릴 수 없다(cf. 출 21:2-6; 레 25:39-55; 신 15:12-18). 히브리 사람은 이스라엘 공동체의 형제로 이스라엘인을 의미한다.

2 히브리 노예가 자유인이 될 때 주인이 배려해야 할 부분은 무엇인가?(신 15:13-14)

Tip

빚 때문에 팔려온 노예를 부린 지 7년째 되는 해에는 자유를 주어 내보내야 하는데, 이때 빈손으로 보내서는 안 된다(13절). 빈손으로 내보내면 그 사람이 다시 노예로 전락할 가능성이 높아진다. 주인은 노예가 무난하게 새 출발할 수 있도록 물질적으로 도와야 한다는 관용의 정신이 바로 신명기 율법의 핵심이다. 성경은 주인에게 "후히 주라"(14절)고 하는데 이 동사는 '사치스럽게 꾸며 장식하다'는 뜻을 지녔고, 사람의 영광을 드러내는 '화관/화환'이라는 단어가 이 동사에서 파생되었다. 성경은 주인들에게 자선을 훨씬 초월한 배려를 요구한다. 이 점을 강조하기 위해 “네 하나님 여호와께서 네게 복을 주신대로”주라고 한다. 자신이 하나님께로부터 받은 복이 많다고 생각한다면, 많이 주고 인색하지 말라는 권면이다.

한 유태인 전승은 출애굽기 21:32이 노예의 몸값을 은 30세겔(노동자의 3년치 월급)로 규정한 것에 근거해 최소한 30세겔은 주어야 한다고 풀이한다.

3 이스라엘이 7년째 노예를 풀어주는 제도의 역사적인 근거는 무엇인가?(신 15:15)

Tip 오경에서 노예를 놓아주는 규례는 본문 외에도 출애굽기 21:2-6, 레위기 25:39-46에서 상세히 언급한다. 신명기 본문처럼 출애굽기 21:2-6도 노예를 6년 부리고 7년째 되는 해에는 내보내라고 한다. 레위기 25:39-46은 희년에 노예를 풀어주라고 한다. 모세는 이스라엘에게 때가 되면 노예들을 놓아주라는 명령을 이집트에서 그들이 노예 생활했을 때 하나님의 구원과 자유를 체험했던 일을 신학적이고 역사적인 근거로 들고 있다(15절). 하나님의 은혜를 체험한 대로 서로에게 관대하라는 것이다[cf. 신약의 탕감받는 종의 모습(마 18:23-35)].

4 만일 노예가 자유인이 되는 것을 스스로 거부하면 치르는 의식은 무엇인가?(신 15:17)

Tip 만일 자유할 수 있는 노예가 자유인이 되기를 스스로 거부하고 계속 주인의 종이 되어 살겠다고 할 경우, 문에 대고 송곳으로 그 귓불을 뚫으면 영원히 그 주인의 종이 될 수 있다(17절). 신체 부위 중 귀에 구멍을 뚫는 것은 아마도 귀가 듣는 것과 연관된 기관이며, 듣는 것은 곧 순종과 연관되어 있기 때문일 것이다. 본문은 주인 집의 문에 대고 귀를 뚫으라고 하는데, 출애굽기 21:6은 "하나님 앞에 있는 문"에 대고 이 예식을 행하라고 한다.

* 노예들의 복지를 위한 제도로 노예가 7년째 되는 해에 나가 살기가 막막하거나, 주인이 잘 대우해 주면 자유인이 되는 것을 거부하는 경우도 있다.

5 경제적 손실이 있음에도 이 규례를 이행해야 하는 이유는 무엇인가?(신 15:18)

....

Tip

성경은 주인들에게 자선을 훨씬 초월한 배려를 요구한다. 그 이유는 그렇게 하면 하나님이 그들의 삶에 풍요로움의 복을 주실 것이다. 즉, 빚어지는 손해는 하나님이 책임지실 것이기 때문이다. 이 점을 강조하기 위해 하나님으로부터 복을 받은 대로 주라고 한다. 자신이 하나님께 받은 복이 많다고 생각한다면, 많이 주고 인색하지 말라는 권면이다.

또 이 말씀은 이렇게 실천하면 주인의 집을 앞으로도 축복하실 것이라는 것을 암시하고 있다.

삶의 내비게이션(적용)

1 당신이 체험한 고용주(갑) 중에 가장 기억에 남는 사람은 누구인가? 왜 기억에 남는가?

....

....

....

....

....

2 다른 사람들을 배려하면서 빚어진 손실은 하나님이 우리에게 다시 갑절의 축복으로 되돌려주실 것이다. 당신이 현재 남을 배려하면서 손해 보는 것은 무엇이 있는가?

관찰문제 2번, 5번 참고.

3 주인은 노예가 무난하게 새 출발할 수 있도록 물질적으로 도와야 한다는 관용이 바로 신명기 정신이다. 당신이 소속된 곳에서 약자에 대해 구체적으로 배려를 실천할 수 있는 것은 무엇인가?

관찰문제 2번 참고.

생활의 아로마(실천)

제9주 누림보다 섬김

신명기 17:14-20

복습

1 히브리 노예가 자유인이 될 때 주인이 배려해야 할 부분은 무엇인가?(신 15:13-14)

2 경제적 손실이 있음에도 이 규례를 이행해야 하는 이유는 무엇인가?(신 15:18)

신명기 17:14-20

17:14 네가 네 하나님 여호와께서 네게 주시는 땅에 이르러 그 땅을 차지하고 거주할
때에 만일 우리도 우리 주위의 모든 민족들 같이 우리 위에 왕을 세워야겠다는 생각
이 나거든 15 반드시 네 하나님 여호와께서 택하신 자를 네 위에 왕으로 세울 것이며
네 위에 왕을 세우려면 네 형제 중에서 한 사람을 할 것이요 네 형제 아닌 타국인을
네 위에 세우지 말 것이며 16 그는 병마를 많이 두지 말 것이요 병마를 많이 얻으려고
그 백성을 애굽으로 돌아가게 하지 말 것이니 이는 여호와께서 너희에게 이르시기를
너희가 이 후에는 그 길로 다시 돌아가지 말 것이라 하셨음이며 17 그에게 아내를 많
이 두어 그의 마음이 미혹되게 하지 말 것이며 자기를 위하여 은금을 많이 쌓지 말 것
이니라 18 그가 왕위에 오르거든 이 율법서의 등사본을 레위 사람 제사장 앞에서 책에

기록하여 [19] 평생에 자기 옆에 두고 읽어 그의 하나님 여호와 경외하기를 배우며 이 율법의 모든 말과 이 규례를 지켜 행할 것이라 [20] 그리하면 그의 마음이 그의 형제 위에 교만하지 아니하고 이 명령에서 떠나 좌로나 우로나 치우치지 아니하리니 이스라엘 중에서 그와 그의 자손이 왕위에 있는 날이 장구하리라

말씀 돋보기(관찰)

1 이스라엘이 왕을 세우는 이유는 무엇인가?(신 17:14)

Tip 이스라엘이 왕을 세우는 이유는 "주위의 모든 민족들같이" 되고 싶은 열망 때문이라고 한다(14절). 실제로 이스라엘이 처음 왕을 요구할 때 그들을 대표하는 장로들이 사무엘을 찾아와서 '열방처럼 되기 위해서' 왕을 세워 달라고 했다(삼상 8:20). 신명기는 이 표현을 통해 왕권은 불필요하며 중요하지도 않은 제도임을 강조한다. 율법은 왕이 이스라엘을 통치하는 것을 요구하지 않는다. 왜냐하면 이스라엘은 이미 하나님을 왕으로 섬기고 있기 때문이다.

2 이스라엘의 왕이 되려면 기본적인 첫째 조건은 무엇인가?(신 17:15)

Tip 이스라엘의 왕은 하나님이 택하신 이스라엘 사람이어야 한다. 이스라엘의 지도자 중 재판관과 지도자들은 백성들에게 선출할 권한이 주어졌다(16:18). 그러나 왕은 하나님이 지명하신다. 왕은 백성들이 그 사람의 인기나 군사적인 능력에 근거해 선출하는 사람이 아니다. 하나님이 수많은 민족 중에서 이스라엘을 택하시고, 이스라엘의 여러 장소들 중에 한 곳을 유일한 예배 장소로 지정하신 것처럼, 하나님이 인정하고 택하시는 인물이 왕이 되어야 한다. 그리고 그 사람은 이스라엘 사람이어야 한다.

고대 근동의 정황을 감안할 때, 외국인이 이스라엘의 지배자가 되는 유일한 방법은 침략이나 군사적 쿠데타를 통해서였다.

3 이스라엘 왕이 포기해야 할 세 가지 권리는 무엇인가?(신 17:16-17)

a)

b)

c)

Tip

이스라엘의 왕은 첫째, 막강한 군사력을 두어서는 안 된다(16절). 왕이 말을 많이 소유한다는 것은 곧 자신의 능력과 군사력을 믿고 하나님을 의지하지 않을 수 있는 위험을 내포하고 있는 것이다(cf. 시 20:7).

둘째, 왕은 많은 아내를 두어서는 안 된다(17절). 현실적으로 왕이 아내를 많이 두면 당연히 감당할 의무와 책임에 온 마음을 쏟을 수 없고, 하나님의 말씀에서도 멀어질 수밖에 없다. 특히 이방인 아내를 얻을 경우, 더욱 그렇다[예: 솔로몬과 아합(왕상11:1-4)]. 왕이 거느릴 수 있는 아내의 수를 유태인 전승은 열여덟 명으로, 쿰란에서 발견된 성전 두루마리에서는 한 명으로 제한한다.

셋째, 왕은 많은 재산을 축적해서는 안 된다(17절). 왕이 재산을 축적하는 가장 쉬운 방법은 세금을 징수하는 것으로 왕이 재물에 욕심을 내면 백성들의 삶이 고달파질 수밖에 없다. 많은 부를 소유한 왕은 자만에 빠져 하나님을 의지하지 않고, 물질은 왕에게 지나친 권력을 가져다줄 수 있다.

이스라엘의 왕은 하나님께 왕의 권리를 받아 통치하는 이스라엘인 중의 한 사람이다. 이스라엘의 근본정신은 누림이 아닌 섬김에 있다.

4 왕이 평생에 반드시 지켜야 하는 것은 무엇인가?(신 17:18-19)

Tip

이스라엘의 왕은 율법책을 복사하여 평생 옆에 두고 묵상해야 한다. 이는 하나님과 백성들 사이에 맺어진 언약을 존중해야 한다는 의미이다. 이것은 왕에 대한 규례 중 가장 독특한 조항이며 이스라엘 왕을 열방의 왕들로부터 차별시키는 규례이다. 왕이 말씀을 가까이하는 이유는 하나님을 경외하는 것을 배우고 열심히 율법대로 살기 위해서이다. 이스라엘 왕은 신앙의 모범을 보여야 한다. 이것이 성경적인 리더십의 원리이기도 하다. 하나님이 이스라엘 왕에게 요구하시는 것은 전쟁을 승리로 이끄는 전략이나 백성을 잘 다스릴 수 있는 지혜가 아니라 말씀에 대한 순종이요, 하나님에 대한 경외라는 점이 매우 인상적이다.

5 이스라엘의 왕권은 왜 권리포기와 율법 묵상을 요구하는가?(신 17:20)

Tip 이스라엘의 왕은 세상의 기준과 주의 백성의 기준이 달라야 하기 때문에 권리를 포기하고 율법을 묵상해야 한다. 또한 왕이 율법책을 가까이하여 하나님을 경외하고 율법대로 살려고 노력할 때 얻어지는 결과는 그가 통치하는 백성을 업신여기는 일이 없게 되며, 좌로나 우로 치우치지 않게 되는 것이다. 왕이 율법책을 가까이하는 것은 백성들을 짓누르기 위함이 아니라 겸허한 자세로 백성들을 통치하기 위함이다. 그러므로 왕은 백성들에게 신앙의 모범이 되며, 참 겸손이 무엇인가를 배우고 실천하게 된다. 즉 백성들이 왕을 볼 때마다 하나님을 사랑하고 실천하는 것이 무엇인가를 볼 수 있도록 했다. 다음으로 왕은 성경적인 리더십의 원리 원칙을 준수하는 롤모델로 백성을 인도해야 한다.

삶의 내비게이션(적용)

1 성경은 리더의 권한보다 자세와 의무에 대해서 집중적으로 이야기한다. 당신이 생각하는 가장 이상적인 리더는 누구인가? 왜 그를 지명하는가?

관찰문제 2번, 3번 참고.

2 만일 당신이 리더가 된다면 권력, 신분/명예, 재물 중 어떤 것이 가장 포기하기 어려운가?

관찰문제 3번 참고.

3 당신이 생각하는 성경적 리더가 되기 위해 가장 추구해야 할 것은 무엇인가?

관찰문제 3번, 4번 참고.

생활의 아로마(실천)

제10주 하나님께 속한 전쟁

신명기 20:1–9

복습

1 이스라엘 왕이 포기해야 할 세 가지 권리는 무엇인가?(신 17:16–17)

a) ....

b) ....

c) ....

2 왕이 평생에 반드시 지켜야 하는 것은 무엇인가?(신 17:18–19)

....

신명기 20:1–9

20:1 네가 나가서 적군과 싸우려 할 때에 말과 병거와 백성이 너보다 많음을 볼지라도
그들을 두려워하지 말라 애굽 땅에서 너를 인도하여 내신 네 하나님 여호와께서 너와
함께 하시느니라 2 너희가 싸울 곳에 가까이 가면 제사장은 백성에게 나아가서 고하
여 그들에게 3 말하여 이르기를 이스라엘아 들으라 너희가 오늘 너희의 대적과 싸우
려고 나아왔으니 마음에 겁내지 말며 두려워하지 말며 떨지 말며 그들로 말미암아 놀
라지 말라 4 너희 하나님 여호와는 너희와 함께 행하시며 너희를 위하여 너희 적군과
싸우시고 구원하실 것이라 할 것이며 5 책임자들은 백성에게 말하여 이르기를 새 집
을 건축하고 낙성식을 행하지 못한 자가 있느냐 그는 집으로 돌아갈지니 전사하면 타
인이 낙성식을 행할까 하노라 6 포도원을 만들고 그 과실을 먹지 못한 자가 있느냐 그

는 집으로 돌아갈지니 전사하면 타인이 그 과실을 먹을까 하노라 [7] 여자와 약혼하고
그와 결혼하지 못한 자가 있느냐 그는 집으로 돌아갈지니 전사하면 타인이 그를 데려
갈까 하노라 하고 [8] 책임자들은 또 백성에게 말하여 이르기를 두려워서 마음이 허약
한 자가 있느냐 그는 집으로 돌아갈지니 그의 형제들의 마음도 그의 마음과 같이 낙심
될까 하노라 하고 [9] 백성에게 이르기를 마친 후에 군대의 지휘관들을 세워 무리를 거
느리게 할지니라

말씀 돋보기(관찰)

1 이스라엘이 전쟁에서 불리한 상황(말, 병거, 많은 백성)에도 두려워하지 말아야 하는 이유는 무엇인가?(신 20:1)

....

....

Tip 모세는 아무리 큰 적이 쳐들어와도 이스라엘이 두려워할 필요가 없는 이유로 여호와께서 그들을 위해 싸우실 것이기 때문이라고 한다. 하나님은 이스라엘이 홍해에서 이집트의 병거를 어떻게 하셨는지를 직접 목격했기 때문에 두려워할 필요가 없다고 하신다. 시대를 호령하는 가장 큰 무기라도 하나님 앞에서는 거추장스러운 무용지물일 뿐이다. 그러므로 이스라엘이 두려워해야 할 것은 막강한 적이 아니라 하나님이 그들과 함께 하시지 않는 경우이다. 하나님과 함께하는 신앙이 있는 한 전쟁은 여호와께 속한 것이다.

2 신명기 20:1을 통해 알 수 있는 율법이 전쟁에 임하는 이스라엘에게 요구하는 가장 기본적인 것은 무엇인가?(신 20:1)

....

....

Tip 율법이 전쟁에 임하는 이스라엘에게 요구하는 가장 기본적인 것은 믿음이다. 출애굽 사건이 확실히 보여주듯이 이스라엘의 능력은 그들의 군사력에 있지 않고 함께하시는 하나님께 있다(1절). 그러므로 하나님이 이스라엘과 함께하시는 한 백성들은 두려워할 필요가 없다. 전쟁의 승패는 그들의 믿음에 의해 결정되기 때문이다.

3 전쟁을 위해 군대가 결성되면, 제사장이 그들을 격려하는 내용은 무엇인가?(신 20:3-4)

....

....

Tip 하나님이 전쟁을 하는 이스라엘과 함께하신다는 것을 상징하기 위해 군대가 결성되면 제일 먼저 제사장이 군대를 격려하며 다음과 같이 선포한다. "이스라엘아 들으라 너희가 오늘 너희의 대적과 싸우려고 나아왔으니 마음에 겁내지 말며 두려워하지 말며 떨지 말며 그들로 말미암아 놀라지 말라 너희 하나님 여호와는 너희와 함께 행하시며 너희를 위하여 너희 적군과 싸우시고 구원하실 것이라"(3-4절). 이스라엘이 하는 전쟁은 여호와께서 함께하시는 성전이라는 것이다. 하나님이 앞서가셔서 이스라엘의 대적을 치시고 그들에게 승리를 주실 것을 확신한다.

4 전쟁에 참여시키기에 적합하지 않은 사람은 누구이며, 조건의 공통적인 부분은 무엇인가?(신 20:5-8)

a) ....

b) ....

c) ....

d) ....

....

Tip

〈전쟁에 나가는 자들의 예외〉

	해당 조건	이유
5절	새 집을 건축하고 낙성식을 행하지 못한 자	전사하면 타인이 낙성식을 행할까 함
6절	포도원을 만들고 아직 그 열매를 맛보지 못한 자	심은 지 5년째 되는 해에 과실을 즐길 수 없을까 함
7절	약혼은 했지만 결혼은 하지 못한 자	결혼한 것이나 다름 없는 신랑과 여인의 행복을 위함
8절	전쟁에 대한 두려움이 있는 자	겁에 질린 자로 인해 군대 전체의 사기저하를 막기 위함

전쟁의 불참여 조건들은 무엇보다도 인도적인 차원이지 신체적으로 군인이 되기에 부적합한 사람들을 걸러 내는 것은 아니다. 신명기의 핵심 주제는 율법을 통해 이스라엘이 풍요와 누림을 즐기는 것이다. 그런데 여기에 제시된 조건에 해당하는 사람들은 자신들의 노력의 열매와 하나님의 축복을 충분히 누리지 못했다. 모세는 이 사람들을 집으로 돌려보내 그들이 충분히 누리지 못한 삶을 누리도록 한 다음, 훗날 전쟁에 참여하게 한다. 전쟁을 하는 이유가 이스라엘 백성의 행복권을 유지하거나 얻기 위해서인데, 이런 사람들이 전쟁에 가서 죽게 되면 전쟁의 취지가 무색해지기 때문이다.

5 군대를 일으킬 때 어떤 순서로 군대를 결성하는가?(신 20:2, 5, 8, 9)

Tip

군대가 소집되면 제일 먼저 제사장이 군대를 격려한다. 이스라엘이 하는 전쟁은 여호와께서 함께하시는 성전이라고 선포한다. 그리고 하나님이 앞서가셔서 이스라엘의 대적을 물리치시고 승리를 주실 것을 확신한다. 그러나 전쟁터로 보내기 위해 소집된 성인 남자들이 모두 군대에 출전하는 것은 아니다. 민간인 책임자들이 전쟁으로 나가서는 안될 사람들(cf.

4번 문제)을 모두 골라낸다. 나머지 사람들을 "군 지휘관들"에게 넘긴다. 전쟁으로 갈 사람들을 인계받은 군 지휘관들은 십부장, 오십부장, 백부장, 천부장들을 뜻한다.

삶의 내비게이션(적용)

1 이스라엘이 하나님과 함께하는 한 전쟁의 승리 조건은 이스라엘의 군사력이 아니라 하나님의 함께하심에 있다. 당신은 위협적인 순간(말, 병거, 많은 군사)을 하나님과 함께함으로 이겨낸 경험이 있는가?

관찰문제 1번, 2번 참고.

2 하나님이 군대 예외자를 허락하신 것은 충분한 누림 때문이다. 당신은 하나님의 축복을 충분히 누리고 있는가? 그렇지 않다면 그 이유는 무엇인가?

관찰문제 4번 참고.

3 이스라엘은 "전쟁은 하나님께 속한 것"이라는 믿음으로 싸워서 승리했다. 당신은 지금 어떤 문제로 고민하고 있는가?

관찰문제 2번 참고.

생활의 아로마(실천)

제11주 배려하는 성물

신명기 26:1–15

복습

1 신명기 20:1을 통해 알 수 있는 율법이 전쟁에 임하는 이스라엘에게 요구하는 가장 기본적인 것은 무엇인가?(신 20:1)

....

신명기 26:1–15

26:1 네 하나님 여호와께서 네게 기업으로 주어 차지하게 하실 땅에 네가 들어가서 거
기에 거주할 때에 2 네 하나님 여호와께서 네게 주신 땅에서 그 토지의 모든 소산의
맏물을 거둔 후에 그것을 가져다가 광주리에 담고 네 하나님 여호와께서 그의 이름을
두시려고 택하신 곳으로 그것을 가지고 가서 3 그 때의 제사장에게 나아가 그에게 이
르기를 내가 오늘 당신의 하나님 여호와께 아뢰나이다 내가 여호와께서 우리에게 주
시겠다고 우리 조상들에게 맹세하신 땅에 이르렀나이다 할 것이요 4 제사장은 네 손
에서 그 광주리를 받아서 네 하나님 여호와의 제단 앞에 놓을 것이며 5 너는 또 네 하
나님 여호와 앞에 아뢰기를 내 조상은 방랑하는 아람 사람으로서 애굽에 내려가 거기
에서 소수로 거류하였더니 거기에서 크고 강하고 번성한 민족이 되었는데 6 애굽 사
람이 우리를 학대하며 우리를 괴롭히며 우리에게 중노동을 시키므로 7 우리가 우리 조
상의 하나님 여호와께 부르짖었더니 여호와께서 우리 음성을 들으시고 우리의 고통
과 신고와 압제를 보시고 8 여호와께서 강한 손과 편 팔과 큰 위엄과 이적과 기사로
우리를 애굽에서 인도하여 내시고 9 이곳으로 인도하사 이 땅 곧 젖과 꿀이 흐르는 땅

을 주셨나이다 10 여호와여 이제 내가 주께서 내게 주신 토지 소산의 맏물을 가져왔나
이다 하고 너는 그것을 네 하나님 여호와 앞에 두고 네 하나님 여호와 앞에 경배할 것
이며 11 네 하나님 여호와께서 너와 네 집에 주신 모든 복으로 말미암아 너는 레위인
과 너희 가운데에 거류하는 객과 함께 즐거워할지니라 12 셋째 해 곧 십일조를 드리는
해에 네 모든 소산의 십일조 내기를 마친 후에 그것을 레위인과 객과 고아와 과부에게
주어 네 성읍 안에서 먹고 배부르게 하라 13 그리 할 때에 네 하나님 여호와 앞에 아뢰
기를 내가 성물을 내 집에서 내어 레위인과 객과 고아와 과부에게 주기를 주께서 내게
명령하신 명령대로 하였사오니 내가 주의 명령을 범하지도 아니하였고 잊지도 아니하
였나이다 14 내가 애곡하는 날에 이 성물을 먹지 아니하였고 부정한 몸으로 이를 떼어
두지 아니하였고 죽은 자를 위하여 이를 쓰지 아니하였고 내 하나님 여호와의 말씀을
청종하여 주께서 내게 명령하신 대로 다 행하였사오니 15 원하건대 주의 거룩한 처소
하늘에서 보시고 주의 백성 이스라엘에게 복을 주시며 우리 조상들에게 맹세하여 우
리에게 주신 젖과 꿀이 흐르는 땅에 복을 내리소서 할지니라

말씀 돋보기(관찰)

1 햇곡식 예물을 드리는 방법은 무엇인가?(신 26:1-2)

언제(1절):

어디서(2절):

무엇을(2절):

Tip 모세는 백성들에게 가나안 땅에 입성하여 살면서 매년 햇곡식을 얻게 되면 그 햇곡식을 가지고 성소를 찾아가라고 한다(2절). 구체적인 날짜가 제시되지 않은 것으로 보아 농부가 각자 알아서 적절한 때에 성소를 찾은 것으로 생각된다. 쿰란에서 발견된 성전 두루마리는 보리, 밀, 포도주, 기름을 50일 간격으로 성전에 들여놓으라고 한다. 이스라엘 사람이 햇곡식을 하나님께 드린다는 것은 그들 종교의 새로운 예식이 시작되는 것을 의미한다. 가나안 땅에 정착하여 살기 시작하기 전까지 이스라엘은 농부

가 아니었으므로 추수와 연관된 절기가 없었다. 그러므로 햇곡식을 드리는 예배는 새로운 예식의 시작이다. 추수의 첫 열매를 여호와께 드리는 것은 하나님이 주의 백성에게 땅의 풍요로움을 주는 분이심을 인정하고 고백하는 행위이다(15:19–23; 18:4).

2 이 예식에서 농부의 기도는 무엇을 강조하는가?(신 26:3,5–10)

....

Tip 첫 열매로 가득한 광주리를 들고 성소를 찾은 농부가 먼저 제사장에게 "내가 오늘 당신의 하나님 여호와께 아뢰나이다 내가 여호와께서 우리에게 주시겠다고 우리 조상들에게 맹세하신 땅에 이르렀나이다"라고 말함으로 예식을 시작한다(3절). 농부는 여호와께서 자신의 선조들에게 약속하신 땅에서 살고 있다고 고백함으로 하나님의 신실하심을 인정한다. 농부는 자신의 조상이 땅 한 평 없는 떠돌이 아람 사람이었으며, 이집트로 내려가 정착하여 살며 큰 민족이 되었던 것을 기념하며 고백하기 시작한다(5절). 농부의 고백은 세월이 지나 이집트 사람들은 온갖 억압과 학대로 이스라엘 사람들을 괴롭혔고, 견디다 못해 부르짖자 하나님이 이적과 기사로 이집트의 손에서 구원하셨다는 역사적 회고로 이어진다(6–8절). 그는 또한 출애굽의 역사를 이루신 하나님이 이스라엘을 젖과 꿀이 흐르는 땅으로 인도하신 분이기에 그 땅에서 얻은 첫 소산을 하나님께 드린다는 고백으로 기도를 마무리한다(9–10절). 농부의 햇곡식 예물은 가나안 땅이 이스라엘이 노력해서 얻은 것이 아니라 하나님이 주신 선물이라는 점을 고백한다.

3 농부가 매년 이 예식을 행할 때 이웃과 함께 나누어야 하는 이유는 무엇인가?(신 26:11)

....

Tip 이스라엘 사람들은 매년 이 예식을 행해야 한다. 또한 첫 열매의 수확의 기쁨을 레위 사람, 이방 나그네 등 사회 약자들과 함께 나누어야 한다(11

절). 그들이 누리는 수확의 기쁨은 수고하여 거둔 열매라기보다는 하나님이 내려주신 축복이기 때문이다. 하나님이 내려주신 축복은 주변 사람과 나눌 때 그 진가가 드러난다.

4 매 삼 년째 십일조는 왜 드리는가? 무엇을 나타내는 행위인가?(신 26:12-13)

....

....

Tip 모세는 매 3년째 되는 해의 십일조는 성소에 들여놓지 말고 각자 사는 곳에서 레위 사람들과 사회 약자들을 위하여 사용하라고 한다(12절; cf. 14:28-29). 성경은 사람이 아무리 신앙이 깊고 종교적 열심을 가지고 있다고 해도 가난한 자들을 돌보지 않는다면 모든 열정과 신앙이 의미가 없다고 한다. 모세는 농부가 드리는 십일조를 "성물"이라고 하는데(13절), 이는 사람들이 성소에 들여놓는 다른 십일조와는 달리 성전에 들여놓지 않고 가난한 자들에게 가는 십일조는 함부로 취급할 수 있기에 사전에 방지하려고 이 예물의 거룩함(구분됨)을 강조하는 것으로 생각된다.

5 농부가 드리는 예물이 정결한 것임을 증명하는 세 가지 상황은 무엇인가?(신 26:14)

a) ....

b) ....

c) ....

Tip 농부는 자신의 예물이 종교적으로도 오염되지 않은 정결한 것임을 세 가지 예를 들어 증언해야 한다(14절). 첫째, 애곡하는 중에는 이 성물을 먹지 않았다. 일부 가나안 종교는 바알이, 바빌론 종교는 담무스가 초가을이 되면 죽었다가 이듬해 봄에 부활한다고 했다(cf. 호 9:4; 겔 8:14). 이 신들이 죽은 초가을이면 여인들은 죽음을 슬퍼하며 곡을 해야 하는데, 농부는 자신의 예물이 이런 이방 종교의 풍습으로 오염되지 않았다고 고백하고 있는 것이다. 이방 종교에 오염되지 않아야 한다.

둘째, 농부는 부정한 몸으로 이 예물을 떼어 두지 않았다. 사람이 부정할 때 십일조도 부정하게 되는 점을 염두에 둔 고백이다(cf. 민 19:22). 성소에 들여놓은 십일조처럼 가난한 자들을 위한 십일조도 온갖 정성을 다해 정결하게 취급했음을 선언하는 것이다.

셋째, 농부는 죽은 자를 위해 이 예물을 사용하지 않았다. 고대 사람들은 죽은 사람의 무덤에 음식을 부어 주면 그 사람의 내세(스올)에 도움이 된다고 생각했다. 일부 이스라엘 사람들도 이런 풍습에 따라 죽은 사람들에게 예물을 바쳤던 것이다. 농부의 고백은 자신의 예물이 이런 모든 행위에서 자유하다는 점을 강조한다. 그 당시 문화풍습, 사회적 관례(풍습)에 오염되지 않아야 한다.

농부는 남아서 드리는 것도 아니며, 부정한 것을 드리는 것도 아니라, 가장 좋은 것을 선별하여 드리는 것이다.

삶의 내비게이션(적용)

1 이스라엘은 햇곡식을 하나님께 드렸다. 당신의 첫 월급(용돈)은 어떻게 사용되었는가?

관찰문제 1번 참고.

2 성경은 뛰어난 신앙심과 종교적 열심도 가난한 자들을 돌보지 않는다면 의미가 없다고 한다. 당신은 지금 이웃을 위해 무엇을 베풀고 있는가?

관찰문제 4번 참고.

3 농부는 예물이 하나님께 흠이 없다는 것(이방 종교, 평상시 정결, 사회적 관례/풍습)을 증언해야 한다. 그것은 가장 좋은 것을 드려야 하기 때문이다. 당신이 드리는 예물은 어떠한가?

관찰문제 5번 참고.

생활의 아로마(실천)

제12주 어렵지 않고 멀지 않은 것

신명기 30:11-20

복습

1 햇곡식 예물을 드리는 방법은 무엇인가?(신 26:1-2)

언제(1절):

어디서(2절):

무엇을(2절):

2 농부가 매년 이 예식을 행할 때 이웃과 함께 나누어야 하는 이유는 무엇인가?(신 26:11)

신명기 30:11-20

30:11 내가 오늘 네게 명령한 이 명령은 네게 어려운 것도 아니요 먼 것도 아니라 12 하
늘에 있는 것이 아니니 네가 이르기를 누가 우리를 위하여 하늘에 올라가 그의 명령을
우리에게로 가지고 와서 우리에게 들려 행하게 하랴 할 것이 아니요 13 이것이 바다
밖에 있는 것이 아니니 네가 이르기를 누가 우리를 위하여 바다를 건너가서 그의 명령
을 우리에게로 가지고 와서 우리에게 들려 행하게 하랴 할 것도 아니라 14 오직 그 말
씀이 네게 매우 가까워서 네 입에 있으며 네 마음에 있은즉 네가 이를 행할 수 있느니
라 15 보라 내가 오늘 생명과 복과 사망과 화를 네 앞에 두었나니 16 곧 내가 오늘 네게

명령하여 네 하나님 여호와를 사랑하고 그 모든 길로 행하며 그의 명령과 규례와 법도
를 지키라 하는 것이라 그리하면 네가 생존하며 번성할 것이요 또 네 하나님 여호와
께서 네가 가서 차지할 땅에서 네게 복을 주실 것임이니라 17 그러나 네가 만일 마음
을 돌이켜 듣지 아니하고 유혹을 받아 다른 신들에게 절하고 그를 섬기면 18 내가 오
늘 너희에게 선언하노니 너희가 반드시 망할 것이라 너희가 요단을 건너가서 차지할
땅에서 너희의 날이 길지 못할 것이니라 19 내가 오늘 하늘과 땅을 불러 너희에게 증
거를 삼노라 내가 생명과 사망과 복과 저주를 네 앞에 두었은즉 너와 네 자손이 살기
위하여 생명을 택하고 20 네 하나님 여호와를 사랑하고 그의 말씀을 청종하며 또 그를
의지하라 그는 네 생명이시요 네 장수이시니 여호와께서 네 조상 아브라함과 이삭과
야곱에게 주리라고 맹세하신 땅에 네가 거주하리라

말씀 돋보기(관찰)

1 율법이 이해하기 어렵고 실천에 옮기기 힘든 일이 아닌 이유 세 가지는 무엇인가?(신 30:12-14)

a)

b)

c)

Tip

성경은 언약의 조항인 율법이 결코 이해하기 어려운 것이 아니며 실천으로 옮기기에 너무 먼 일도 아니라는 점을 동시에 강조한다(11절). 누구든지 마음만 먹으면 얼마든지 이해할 수 있고 삶에 적용할 수 있는 것이 율법이다. 모세는 이러한 사실을 세 가지로 표현한다.

첫째, 율법은 하늘에 있는 것이 아니다(12절). 율법은 너무 높은 곳에 있어서 보통 사람들은 도저히 접근할 수 없는 것이 아니라는 것이다. 고대 근동에서 하늘은 사람이 갈 수 없는 곳의 상징이었다.

둘째, 율법은 바다 밖에 있는 것이 아니다(13절). 고대 근동에서 바다를 건넌다는 것은 매우 어려운 일의 상징이었다.

셋째, 율법은 그들의 입에 있고 마음에 있다(14절). 율법이 가장 가까운 곳에 와 있음을 뜻한다. 하나님을 참으로 사랑하는 것은 우리 마음에 있으며, 이 사랑은 입을 통한 가르침과 배움으로 공급되어야 한다. 이런 면에서 이 말씀은 하나님의 말씀을 마음에 새기고 항상 묵상하고 강론하라는 권면(6:6-7)을 연상케 한다.

2 율법을 대하는 상반된 우리의 자세는 무엇인가?(신 30:15)

....

....

Tip 모세는 이스라엘 앞에 "생명과 복", "사망과 화"라는 대조적인 선택을 제시한다(15절). "복"은 문자적으로 '좋은 것'을, "화"는 '나쁜 것'을 뜻하며, 선택의 성향을 대조한다. 생명을 택하는 것은 좋은 일이며, 사망을 택하는 것은 나쁜 일이라는 것이다. 그렇다면 모든 사람이 나쁜 것인 죽음을 버리고, 좋은 것인 생명을 택하는 것이 당연한 일이다. 그러나 생명과 복을 택한다는 것은 삶의 방식을 바꾼다는 것이며, 분명 책임과 의무가 따르는 일이다.

3 생명과 복을 선택한다는 것은 무엇을 의미하는가?(신 30:16)

a) ....

b) ....

c) ....

Tip 생명과 복을 선택한다는 것은 곧 하나님 여호와를 사랑하고 그 모든 길로 행하며 그의 명령과 규례와 법도를 지키는 것이다(16, 20절). 생명과 복을 선택한다는 것은 삶의 방식을 바꾸는 것이며, 책임과 의무가 따르는 것이다. 그러나 이렇게 하는 자는 분명 장수와 번성을 누릴 것이다. 하나님이 이런 것들을 복으로 주시기 때문이다(16, 20절).

4 하나님의 언약을 배반하고 우상을 숭배하면 얻어지는 결과는 무엇인가?(신 30:18)

....

Tip 하나님의 언약을 배반하고 우상을 숭배하면 그 사람은 반드시 망할 것이다. 이렇게 될 것을 모세가 장담한다(18절). 그뿐만 아니라 약속의 땅에서도 오래 살지 못하게 될 것이다. 포로가 되어 타국으로 끌려갈 것을 경고한다(cf. 4:26; 8:19).

5 모세의 마지막 세 가지 권면은 무엇인가?(신 30:20)

a) ....

b) ....

c) ....

Tip 모세는 오직 하나님 여호와만을 사랑하고, 그의 말씀을 청종(순종)하며, 그만을 의지하라는 세 가지 권면으로 말씀을 마무리한다(20절). 하나님을 사랑하는 것은 곧 말씀에 순종하고 그분만을 의지하는 것으로 표현되어야 한다. 이렇게 하면 그들의 생명이며 장수이신 하나님이 약속의 땅에서 오래 살도록 해 주실 것이다. 이스라엘이 가나안 땅에서 살 수 있는 기간은 하나님께 순종하는 것에 비례한다. 그러나 욥의 경우와 같은 예외도 있다. 잘 순종하면 그 땅에서 오래 살 것이요, 불순종하면 오래지 않아 쫓겨날 것이다. 하나님이 그들이 차지할 가나안 땅의 참 주인이시기 때문이다.

삶의 내비게이션(적용)

1 말씀대로 살지 않았을 때 당신은 어떤 핑계를 댔는가?

관찰문제 1번 참고.

2 신명기 30:16에서 "사랑하다", "행하다"(걷다), "지키다"와 같은 언약 준수와 연관 있는 전형적인 동사들을 사용한다. 당신은 이 세 가지 중 어느 것이 가장 힘들게 느껴지는가?

관찰문제 3번 참고.

3 모세는 오직 하나님을 사랑하고 그의 말씀에 순종하며, 그분만을 의지하라고 권면한다. 당신이 자녀에게, 신앙의 후배에게 한 문장으로 남기고 싶은 말은 무엇인가?

관찰문제 5번 참고.

생활의 아로마(실천)

비밀 유지 서약서

나는 이 그룹에서 나눈 것들을 다른 곳에 누설하지 않기로 약속합니다. 또한 다른 그룹원들이 숨기고자 하는 내용을 나누도록 압력을 가하지 않기를 약속합니다. 하나님과 그룹원들에게 나의 약속을 성실히 이행할 것을 서약합니다.

서명______________________________

날짜______________________________

신명기 말씀 공부를 통한 삶의 변화 일지

주	나의 말씀 적용(생활의 아로마)	실천과정과 결과
1주		
2주		
3주		
4주		
5주		
6주		

주	나의 말씀 적용(생활의 아로마)	실천과정과 결과
7주		
8주		
9주		
10주		
11주		
12주		

송병현 〈엑스포지멘터리 시리즈〉의 저자. 캐나다 틴대일 대학교(B. Th.)와 미국 시카고 트리니티 복음주의신학교를 졸업하고(M. Div.) 동 대학원에서 박사학위(Ph. D.)를 받았다. 1997년부터 백석대학교 구약학 교수로 봉직 중이며 2009년부터는 선교지의 지도자 교육을 위해 강사진을 파송하는 STAR 선교회를 이끌고 있다. 목회자와 신학생뿐 아니라 하나님의 말씀에 진지하게 귀기울이기 원하는 이 땅의 그리스도인들을 섬기기 위해 활발한 성경강해와 해석 사역을 펼치고 있다.

송(임)우민 캐나다 틴대일 대학교(B. Th.)와 미국 시카고 트리니티 복음주의신학교를 졸업(M. Div.), LA에 있는 탈봇신학교에서 기독교교육학으로 박사학위(Ph. D.)를 받았다. 20여 년간 북미와 한국에서 영어 주일학교 전도사로 교회학교 현장에서 사역하였으며, CMIS 캐나다국제학교 이사, Korea Montessori College 교수, 몬테쏘리 교사 및 컨설턴트 등 다양한 교육학적 경력을 통해 학부모 세미나, 부부 세미나, 교사 세미나와 주요 강사로서 가정과 주일학교를 말씀으로 세우기를 갈망하는 부모와 교사들을 섬기고 있다. 현재 백석예술대학교 사회복지학부 전임교수로 봉직 중이며, 남편 송병현 교수와 함께 STAR 선교회 이사로 섬기고 있다.

엑스포지멘터리 성경공부 시리즈 신명기

초판 1쇄 발행 2016년 11월 1일
초판 2쇄 발행 2020년 3월 20일

지은이 송병현, 임우민
구성 신윤영

펴낸곳 도서출판 이엠
등록번호 제25100-2015-000063
주소 서울시 구로구 공원로 3번지
전화 070-8832-4671
E-mail empublisher@gmail.com

내용 및 세미나 문의 스타선교회: 02-520-0877 / EMail: starofkorea@gmail.com / www.star123.kr
Copyright © 송병현, 임우민, 2020, *Print in Korea.*
ISBN 979-11-86880-40-1 93230

※ 본서에서 사용한 『성경전서 개역개정판』의 저작권은 재단법인 대한성서공회 소유이며
재단법인 대한성서공회의 허락을 받고 사용하였습니다.
※ 이 책의 전부 또는 일부 내용을 재사용하려면 사전에 저작권자와 도서출판 이엠의 동의를 받아야 합니다.
※ 가격은 표지 뒷면에 있습니다.

「이 도서의 국립중앙도서관 출판시도서목록(CIP)은 서지정보유통지원시스템 홈페이지(http://seoji.nl.go.kr)와 국가자료공동목록시스템(http://www.nl.go.kr/kolisnet)에서 이용하실 수 있습니다. (CIP제어번호:CIP2015000753)」